战国七雄故事

之 百家争鸣

李山讲

李 山/著

浙江教育出版社·杭州

图书在版编目（CIP）数据

李山讲战国七雄故事之百家争鸣 / 李山著. — 杭州：浙江教育出版社，2019.7（2021.1重印）
ISBN 978-7-5536-7807-8

Ⅰ. ①李… Ⅱ. ①李… Ⅲ. ①中国历史－战国时代－青少年读物 Ⅳ. ①K231.09

中国版本图书馆CIP数据核字（2018）第222726号

李山讲战国七雄故事之百家争鸣
LISHAN JIANG ZHANGUOQIXIONG GUSHI ZHI BAIJIAZHENGMING

李山 著

总 策 划	北京大地万策文化发展有限公司		
项目统筹	何黎峰　盖 克	责任编辑	王颖达
美术编辑	曾国兴	封面设计	王议田
责任校对	谢 瑶	责任印务	陆 江　潘 莹

出版发行	浙江教育出版社
	（杭州市天目山路40号　邮编：310013）
印　　刷	三河市南阳印刷有限公司
开　　本	710mm×960mm　1/16
印　　张	10
字　　数	98 500
版　　次	2019年7月第1版
印　　次	2021年1月第3次印刷
标准书号	ISBN 978-7-5536-7807-8
定　　价	35.00元
联系电话	0571-85170300-80928
网　　址	www.zjeph.com

版权所有·侵权必究

目录 Contents

- 1　子之之乱——肥水流到外人田
- 10　金台招贤——燕昭王重金买"马尸"
- 17　田单复国——火牛阵助齐再续艰难国命
- 24　稷下元老——淳于髡智谏齐王
- 32　将相之和——发文者之功，传武者之力
- 43　毛遂自荐——成才需趁早，成名靠推销
- 50　秦宣太后——一个威猛不羁的奇女子
- 59　巧谏威后——一场关于爱子方式问题的纷争
- 64　屈原投江——一代忠臣终作古，千古流芳端午节

77	**奇货可居**——吕不韦最成功的投资
86	**甘罗拜相**——十二岁为相的神童
96	**重用李斯**——聪明反被聪明误，最终走上黄泉路
107	**神医扁鹊**——能起死回生的全能医师
116	**战国四将**——杀人不眨眼的"英雄事迹"
137	**战国百家**——异彩纷呈的思想之花

子之之乱

——肥水流到外人田

战国时期，燕王姬哙崇信儒家禅让学说，在苏代、鹿毛寿的鼓动下，燕王哙大集群臣，废太子姬平而禅位于相国子之，自己反北面称臣，出居别宫。燕王哙还把俸禄在三百石以上的官员的印信收回，以便让子之重新任命各级官员，从而真正行使国王的权力，一时造成燕国内部大乱。

燕王愚昧禅位

自苏秦离开燕国就任齐国客卿后，燕国迎来了一个相对和平时期。燕王哙感到内忧不存外患已解，便只顾沉迷于酒色、贪图安逸，待到年事已高，就更不肯临朝听政了。相国子之身长八尺，腰大十围，肌肥肉重，面阔口方，办事利索，处事果断，深得燕王哙的信任和倚重。子之久执国柄、位高权重，不免专横跋

扈，大臣们没有不怕的。有一次子之坐在堂上撒谎说："刚才跑出去的是什么？是白马吗？"侍从都说没看见。有一个人跑出去追赶，回报说："有白马。"子之重赏了这个人，其实他是想通过这个伪命题来考查侍从是否真的对他忠诚。

苏秦的弟弟苏代、苏厉以推销谋略受到各国的尊敬，子之跟苏代结成姻亲，企图夺取政权。

知识链接

苏代游说孟尝君

苏代是战国时期的纵横家，足智多谋，能言善辩，在各国之间游说。其中，最精彩的一次当属他对孟尝君的游说。在孟尝君发生"鸡鸣狗盗"事情之前，秦昭王为了请孟尝君到秦国相见，不惜把弟弟泾阳君送到齐国做人质。孟尝君见秦昭王这样看得起自己，十分得意，就想到秦国赴约。苏代获悉，就给他讲了个故事："今天早晨，我在路上遇到一个木偶人和一个土偶人在斗嘴。木偶人对土偶人说，马上要下雨了，到时候你就散架了。土偶人回答，我就是从土里生出来的，被水冲散了也不过就是回到土里；而你一旦遇到雨，就只能被水冲走，随波逐流，还不知道会漂到何处呢。现在您入秦国如入龙潭虎穴，很难把握自己的命运，处境就像木偶人那样啊。"苏代的这番话让孟尝君思考了良久，最后孟尝君暂时放弃了去秦国的打算。

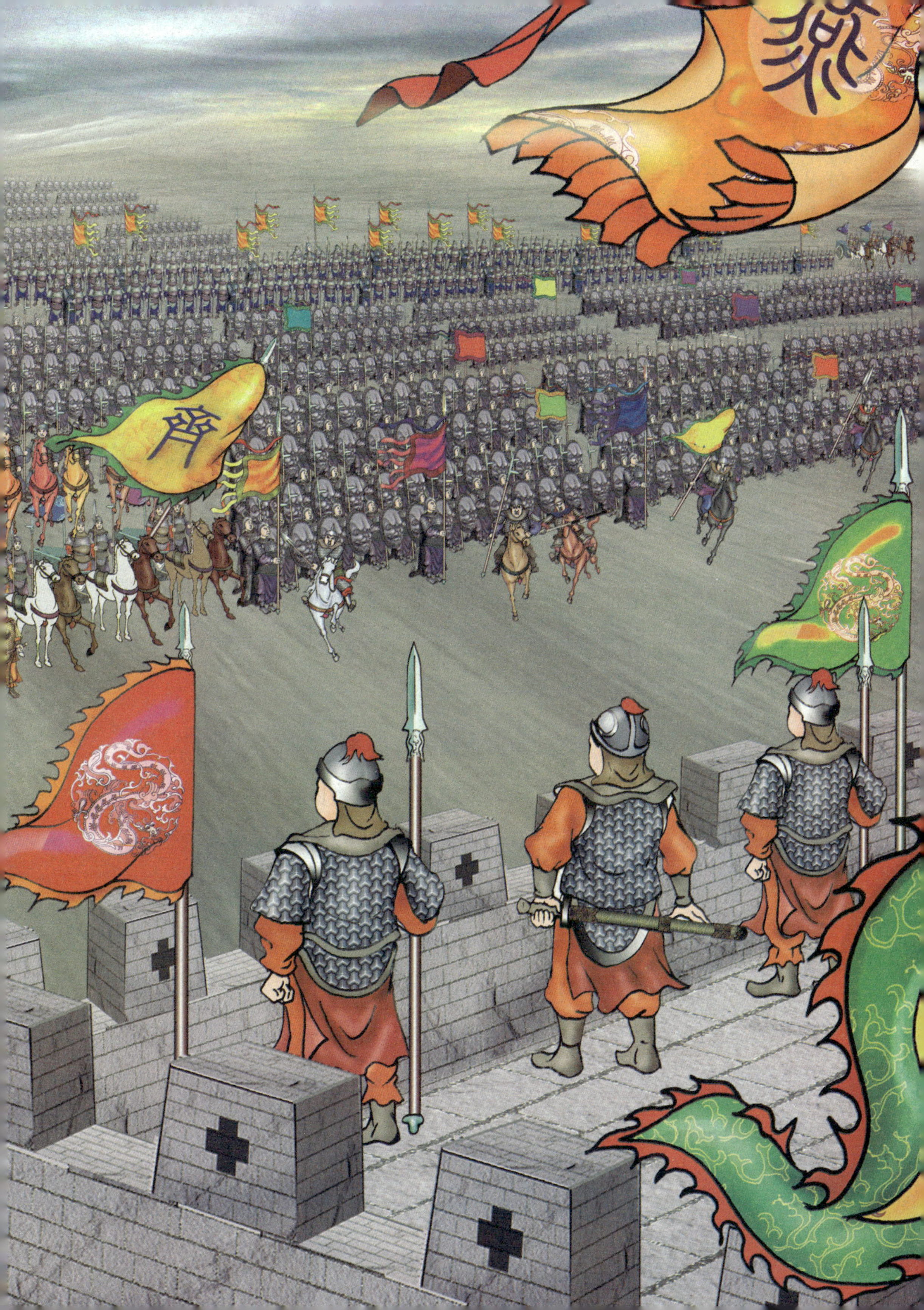
齊

正好，苏代出使齐国回来，燕王哙问他："齐国的孟尝君近况如何？"苏代说："田文是非常精明的人。不久前，齐王夫人病亡，七个嫔妾都受到齐王的宠爱。田文想探知哪个嫔妾会被立为夫人，便送上七副玉质耳饰，其中一副特别加工打造，最为美观。第二天，田文看那副最精美的耳饰被谁戴着，就劝齐王立她为夫人。"燕王哙不禁哈哈大笑，心想田文可算是摸透了人的心理，便继续问道："齐王田辟疆有孟尝君这样的贤臣，那依你的观察，他有没有成为霸主的可能？"苏代说："当然没有。"燕王哙不解，问道："为什么？"苏代说："知道田文的贤能，却不将权力都给他，那怎么能称霸呢？"燕王哙恍然大悟，心想寡人身边也有办事果断、精于政事的子之，于是更加信任、倚重子之。

在这之后，子之的亲信、高级官员鹿毛寿向燕王哙进言说："我看大王不如把国家让给丞相子之。人们都说尧是贤君，他要把天下让给许由，许由不肯接受，这样既得到了天下人的赞扬又不至于失去天下。如果大王把国家让给子之，子之他也一定不能接受，这样大王就能和尧齐名，受到天下人的敬仰。"

燕王哙也真是有点傻，听了这番话，不但没有呵斥鹿毛寿没脑子，反而相信了。事实证明燕王哙的智商确实不高，他将国家大事都托付给了子之，子之的地位也因此更加显贵，朝中有很多大臣都听他的指挥。

当时的燕国太子姬平知道子之将来必定会篡权，便暗中拉拢

一批大臣，加上以前就效忠他的，俨然能与子之对抗。子之怕太子将来会坏事，就找人对燕王哙说："当初禹重用益，可是又任用启的部下为官吏，等他年老后又认为启不能胜任国君，把君位传给了益。随后启和他的党羽进攻益，夺得了君位。天下人都说禹只是名义上将君位传给了益，随后就让启去夺取。现在大王把国家托付给子之，可是任用的官员都是太子的人，这样名义上让位给子之，实际上却是让太子去夺取。"按理说，这样的话说出来不被杀头才怪，但是燕王哙听信了！

燕王哙为了一个虚名，真的将官吏的印信都收回来并且交给子之。子之随即选拔亲信，治理朝政，而燕王哙也始终都没再过问朝政。子之虽无君王之名，却行君王之实。

齐王趁火打劫

子之当权的第三年，燕国大乱，百姓恐慌。高级将领市被与太子姬平密谋攻击子之。齐王听说后，派使者对太子姬平说："我早听说太子深明大义，准备抛弃私情而树立公义，整顿君臣关系，平定燕国的内乱。我的国家虽然不大，不值得追随在你的左右，但尽管如此，仍愿意听从太子之命！"

这是一套典型的外交辞令，虽然听起来真是悦耳，可是齐国人心里不是这么想的。

太子姬平受到鼓舞，更加有信心，他广泛联络党羽、聚集士兵，并派将军市被带兵攻打子之。而市被非但没能攻克敌人，反

而投效了子之，与百姓一同去攻打太子姬平。这让原本就不太平的局面更加混乱。这一战持续了好几个月，市被战死，双方伤亡的人数达到好几万，燕国人心惶惶。

这时齐国才派兵去平定燕国的内乱，说是平定内乱，其实就是趁火打劫。太子姬平也没有想到原来齐国是另有企图，燕军无心恋战。齐军长驱直入，拿下了几十座城池，生擒了子之，还顺便杀掉了燕王哙。

齐王有意借机吞并燕国，他向孟子征求意见说："有人劝我不要吞并燕国，也有人劝我吞并，你怎么认为？"孟子回答说："吞并它而使燕国人民快乐，就吞并它；吞并它而使燕国人民不快乐，就不要吞并它。一个一万辆战车的国家征服另一个一万辆战车的国家，人民夹道欢迎，不是为了别的，只是为了拯救他们逃离水深火热。假定水更深而火更热，情形就会颠倒过来。"

那时，其他诸侯国正在加速商讨如何支援燕国。齐王田辟疆再次征询孟子的意见："各国形势紧张，有些国家可能向我发动攻击，我该如何应对？"孟子答道："燕王虐待他的人民，你发兵前往，人民认为你是拯救他们于水深火热之中，所以夹道欢呼，迎接仁义的军队。到了后来，仁义的军队突然变了模样，屠杀他们的父兄、囚禁他们的子弟、破坏他们的祭坛、抢夺他们的财宝。天下本来已经很畏惧齐国的强大，如今领土扩张了两倍而又不行仁政，你就成了吸铁石，天下所有的武器都会向你集中攻

击。不过，现在还来得及补救，请你立刻下令释放被捕的老人和儿童，停止掠夺，跟燕国有影响力的人士接触，恢复他们的官职，为他们设立新的君王，然后光荣撤退。这样，仍有希望维持你的威信。"

可惜的是，齐王并没有接受这项建议。

不久，燕国到处发生抗齐战争，齐王十分后悔没有听取孟子的忠告。此时，赵武灵王听说燕国内乱，想要与燕国结为盟友，便将燕王哙的庶子姬职送回燕国。因为太子平引狼入室，所以燕国人不再拥戴他。姬职当上国君后，深得燕国百姓的拥护，这就是有名的燕昭王。

燕昭王得知齐国的所作所为后十分痛恨，但是齐国强大，燕国若是强攻，反而会引火烧身。于是燕昭王招贤纳士，养精蓄锐。在燕昭王招贤的初期，有个叫郭隗的人对燕昭王说："大王若真的想招贤纳士，那么就从我开始吧。我虽然没有什么才能，但如果能为大王所倚重，那些比我有才能的人便会闻风而来。"

燕昭王是个懂得纳谏的君王，他听后觉得十分有理，便为郭隗修建宫室，把他像老师一样看待。这件事传出去之后，许多有学识的人都来投靠燕王，乐毅、邹衍等这些有名望的人也纷纷来到燕国效力。燕昭王对这些人都是亲自迎接，生怕自己有照顾不周的地方。

这时苏秦对燕昭王说了很多话，都是关于如何对付齐国的，

这无疑让燕王信心大增。苏秦想要联合赵国对抗齐国,可是当他去齐国的时候,赵武灵王已经去世,赵国与齐国交好,而孟尝君掌管着齐国大权,实在是无从下手。苏秦在齐国五年的时间里,计划没有任何起色,无奈又回到了燕国。

正当苏秦一筹莫展的时候,孟尝君突然去了魏国,苏秦得知后立刻返回齐国,充当间谍的角色,离间齐国与赵国的关系。经过几年时间,终于见效。通过苏秦的努力,齐国在与赵国联合起来就要去攻打秦国的时候,却突然灭掉了赵国的盟友宋国,这一举动当然触动了赵国的神经,苏秦、乐毅等人又借机联合秦国、赵国等国家,以燕将乐毅为首,一同攻打齐国。这次进攻使得齐国损失惨重,不过这些国家还算仁慈,没有打到齐国都城临淄就已经撤兵,可能是怕损失太严重,得不到相应的好处吧。

唯独燕国的军队不依不饶,一直攻打到临淄,齐国最后只剩下即墨和莒城,险些灭国。后来,田单率领齐人奋力抵抗,又以火牛阵击退燕军,才保住了偌大的一个齐国。

< 智慧点津 >

战国以来，各国变法图强。变法者强，不变则败；变深者强，变浅则败。众所周知，秦国的变法最为深刻，所以最强。然而燕国，在大争之世死守三代王道那一套理论，实为迂腐至极，子之之乱，险些亡国。燕昭王深以为耻，他招揽人才、励精图治、发展经济、编练新军，最终联合列国差点灭掉齐国以报仇雪恨，成一时之霸。后燕昭王死，乐毅奔赵，燕国再也没有出现过这种旷世人才，一堆庸才多次攻赵，损耗无数，致使国力迅速衰落。直至后来太子丹派荆轲刺杀秦王，成为其灭国的最后一根稻草。

金台招贤

——燕昭王重金买"马尸"

公元前315年,燕国的一场王位纷争几乎导致燕国覆灭。事情是从燕王姬哙禅让王位开始的,他一改王位世袭的传统,传位给当时燕国的相国子之。后来,燕国太子姬平为争夺王位与子之展开内战。太子平向齐宣王寻求帮助,齐国却趁机派兵一举攻占燕国都城,杀死了燕王哙与子之。齐国的行为引起了其他诸侯国的抗议,齐军不得不撤出燕国。公元前311年,燕公子姬职在赵武灵王和秦惠文王的帮助下,结束了在韩国做人质的生活,回到燕国继承王位,这就是燕昭王。燕昭王是一位礼贤下士、用人不疑的国君,在众多贤臣的辅佐下,燕国从战乱之后的孱弱中重新崛起,一跃成为"战国七雄"之一。

郭隗献计，招贤纳士

燕昭王登上王位时，燕国刚刚经受了内乱和齐国的入侵，国内生产凋敝，民不聊生。而齐国仍然对燕国垂涎三尺，时时都威胁着燕昭王的统治。这种局面对一个新登基的君主来说，实在是一个严峻的挑战。

当时正是各诸侯国奋发图强的时候，已经有很多国家通过改革实现了国力的振兴。比如，秦国施行商鞅变法之后，陡然跻身强国之列；楚国、魏国在吴起的辅佐之下，实力剧增，在战争中频频取胜；齐国更是在威王、宣王重用邹忌、孙膑、田忌等一批贤臣良将后，一跃成为中原霸主，各路诸侯无不俯首称臣。

从这些国家的成功经验中，燕昭王深刻地认识到，国家的强盛离不开贤能人士的辅佐。燕国的复兴，必须从求取贤士开始。但是，上哪里去找贤士呢？燕昭王为此冥思苦想，却毫无头绪，一连很多天都愁眉不展、寝食难安。最后，燕昭王突然想到了一个人——太傅郭隗，于是当即召见了郭隗。

郭隗刚到，燕昭王就开门见山地说："郭太傅，咱们燕国久经战乱，国家元气大伤。要想让燕国迅速强大起来，最好的办法莫过于招募一批贤能之士来辅佐国政，这样才能战胜齐国，以报当年之仇。您有什么人可以推荐的吗？"

郭隗想了很久才说："良禽择木而栖，贤士愿意辅佐的是那些善待他们，能够给他们用武之地的国君。您应该让他们知道，

您就是这样的一个人。如果您能够礼贤下士，表现出求贤若渴、敬贤如师的诚意，那么贤士就会尽心竭力地为您效劳，各方贤士也会慕名前来投靠您。"

接着，郭隗给燕昭王讲了个故事：从前，有一位国君非常希望自己能拥有一匹千里马，他昭告天下，表示愿出千镒黄金来买千里马。但是整整三年，居然没有一个人前来献马。这位国君非常失望，一位侍臣见状，自告奋勇表示愿意出宫为他搜寻千里马，国君同意了。这位侍臣四处探寻，一天，他看见一匹马死在路旁，许多人围在那里议论纷纷。只听见人们说："多好的一匹千里马却死掉了，真是可惜，以后恐怕都见不到这么好的马了。"侍臣沉思片刻，决定以五百镒黄金买下这匹死马。他把死马运到宫中，国君知道后火冒三丈，说："你说为本王买马，结果现在买匹死马回来，你是想戏弄本王吗？"侍臣说："大王，您先别生气，容臣细说。臣是这么想的，世人听说您愿意以五百镒买马尸，就知道您确实诚心求取千里马，相信如果有活的千里马，您一定愿意出更多的黄金。这样就会有很多人来向您献马了。"果然如其所言，献马的人很快多了起来，几个月后，这位国君就如愿以偿地买到了三匹千里马。

郭隗说完这个故事后，缓缓地向燕昭王说道："如今大王也希望招揽'千里马'，郭隗不才，算不上'千里马'，但不知是否可勉强算是'马骨'一具呢？"

燕昭王听后恍然大悟，当即对郭隗施以大礼，拜其为师，后

来还为他修筑了漂亮的府邸。不久，燕昭王又命人筑高台于易水之畔，置大量黄金于高台之上，以招揽天下贤士。因此这一高台叫作招贤台，也叫黄金台。

燕昭王高筑黄金台以招揽贤才的故事在历史上传为佳话，为后世士人所称道。唐代著名诗人李白就曾作诗歌咏此事："燕昭延郭隗，遂筑黄金台。剧辛方赵至，邹衍复齐来……"

知识链接

邹 衍

邹衍有一个重要的学说，即大小九州说。邹衍说："所谓中国者，于天下乃八十一分居其一分耳。中国名曰赤县神州。赤县神州内自有九州，禹之序九州是也，不得为州数，中国外如赤县神州者九，乃所谓九州也。于是有裨海环之，人民禽兽莫能相通者，如一区中者，乃为州。如此者九，乃有大瀛海环其外，天地之际焉。"邹衍的大九州说在战国时代确实是惊世骇俗的。而我们认为，邹衍对古代地理学有相当大的贡献。他的学说反映了战国时期人们对中国地理和世界地理的认识和推测，认为中国只是世界的一小部分。此说之形成与齐国东临大海不无关系，因为齐国当时已与朝鲜、日本等国有了往来。这就自然容易引起人们对海外世界的遐想。

励精图治，士争趋燕

如郭隗所说，燕昭王很快就因礼贤下士名扬天下，各方贤士能人源源不断地投奔到燕王门下。燕国一时之间成为贤才云集之地，其中包括早已名闻天下的大师，比如阴阳五行家邹衍。

邹衍是齐国人，齐人对他十分尊敬。他游历其他诸侯国时，各国也都以上礼待之。比如，他到魏国时，魏惠王亲自出宫远迎；他到赵国时，平原君恭敬地用自己的衣袖为他的座席拂尘。

燕昭王更是对邹衍礼遇有加。据记载，为迎接邹衍，燕昭王亲自为他清扫道路；落座时又将他扶到上座，而自己则坐在了弟子席上，然后像弟子请教先生那样毕恭毕敬地聆听邹衍的教诲。后来，燕昭王还专门为邹衍建造了一座碣石宫，作为其居住讲学的场所。

燕昭王牢记齐国大仇，在选用人才时也为日后报仇做了准备。他招揽了一批熟悉齐国地势、了解齐国国情，而且有领兵打仗之能的人才，以厚礼待之。乐毅就是其中最突出的一位。

在乐毅的辅佐下，燕昭王进行了一系列内政上的改革。第一，修正法律，严明法纪，严格审查官吏，考核政务，以整顿营私舞弊的官场风气；第二，确立公正的选才标准，任人唯贤而不看其地位和亲疏关系，使贤能之人广泛参与到国政中来；第三，奖励遵纪守法的顺从百姓，包括地位低微的贫民和奴仆，以促进社会稳定；第四，整顿军纪，训练战术，以提高军队战斗力。这

些措施起到了良好的效果，使得燕国百姓生活安定，军队实力大大增强。

此外，燕昭王还经常抚恤百姓，常常亲自去探望那些有丧事的人家，还派人去向那些刚生了孩子的家庭贺喜。慢慢地，他赢得了百姓的信任，受到燕国人民的拥戴。

就这样，燕昭王励精图治二十八年，燕国终于渐渐兴盛起来，成为一个百姓富足、国库充实、军队强盛、政治清明、上下齐心的国家。燕国已跻身"战国七雄"之列，具备了讨伐齐国、报仇雪恨的实力。

于是，燕昭王用乐毅为上将军，联合秦国、楚国、韩国、赵国、魏国五国策划攻打齐国。结果齐国大败，齐湣王逃到国外，燕军又单独痛击齐军，一直打到齐都临淄，掠取了那里的全部宝物、烧毁了齐国的宫殿和宗庙，一雪前耻，还差点灭了齐国。燕昭王认为这一仗乐毅立了大功，于是亲自到济水犒劳军队，论功行赏，封乐毅为昌国君。

一天，燕国王宫里的内侍和卫兵都在交头接耳地议论，燕昭王为何一反常态，竟怒气冲冲地打了太子二十大板。原来太子受了大夫骑劫的挑唆，向昭王进谗言，说大将乐毅费了好几年还打不下齐国的莒城和即墨，是乐毅阴谋以恩德感化两地的齐国百姓，等齐国真归顺了，乐毅便可以顺理成章地当上齐王。燕昭王始终认为乐毅是知己，一听此话便蹦起来，给了太子一顿好揍。燕昭王指着太子的鼻子骂他是个忘恩负义的畜生，说："先王的仇是谁给咱们报的？乐毅的功劳简直没法说，咱们把他当作恩人还不够尊敬，你们还要说他坏话！就算他真做了齐王，也是应当的！"

燕昭王责打了太子后，立即派使者拿节杖去见乐毅，立乐毅为齐王。乐毅十分感动，对天发誓，情愿死也不接受封王的命令。此后，乐毅更加尽心竭力地为燕国效劳。

〈智慧点津〉

燕国的成功又一次证明，人才是制胜的法宝，人才兴、事业兴，人才废、事业废，这几乎是古今中外治国兴政的一条定律。燕昭王深谙其中的道理，把吸引和用好人才放在富国强兵的突出位置，才使弱小的燕国赢得了宝贵的生存空间。燕昭王在位的三十二年，是燕国最强盛的时期。另外，重视和起用人才要有宽广的胸襟、唯才是举的胆识和量才施任的尺度，要用人不疑，这样才能调动方方面面的积极性。要像燕昭王对待郭隗那样，从尊重身边的人才做起，只有这样才能形成"士争趋燕"的局面，而人才一旦聚集，国家的兴旺发达也就指日可待了。

田单复国

——火牛阵助齐再续艰难国命

公元前279年燕昭王去世，他的儿子燕惠王登基。燕惠王对大将乐毅疑心很重，齐将田单利用燕国君臣之间的嫌隙，挑拨关系，燕王派人取代乐毅率军在齐国作战。结果田单用"火牛阵"反攻，一举打败燕军，然后乘胜追击，没用多久就逼得燕军撤兵回国。田单成功收复了被乐毅攻下的所有城池，燕军灭齐的计划破产。

报仇雪恨，昭王灭齐

公元前284年，乐毅率领燕、楚、秦、赵、魏等六国联军讨伐齐国，以报三十年前齐国趁燕国内乱出兵燕地之仇。一路上势如破竹，所向披靡。联军在聊城打破齐军主力后，五国罢兵，只有燕军继续东进，攻破齐国国都临淄。短短半年间，齐国七十多

座城池纷纷陷落，最后只剩下莒城和即墨两座孤城。

眼看战争的形势一片大好，岂料莒城却是坚城一座，名副其实的金城汤池。燕军攻打莒城数年不能攻克，不得已转到即墨城下来试试运气。

即墨的齐国军队和百姓奋起抵抗。后来，即墨守城大将在作战中牺牲，城内的百姓觉得田单有统帅的才能，于是推举他担起大将之职，继续率领众人抵抗燕军。两军对垒长达一年时间，乐毅还是没能攻克即墨。

于是，乐毅决定改变战术。他让燕军退到离城九里的地方驻扎，围住即墨城而不进攻，允许城中百姓出入，对于生活不济的百姓还给以帮助，同时严禁燕军扰乱百姓生活。乐毅这样做的目的是想赢得即墨百姓的支持，让他们自愿归顺燕国。但齐国借此机会积蓄了力量，为日后的反攻创造了条件。田单抓住机会，把城中的全部兵力共七千多人组织起来，一边加紧休整训练，一边继续扩充兵力。

躲在盾牌后面的人是永远无法击败对手的，相反，被击败的威胁时刻存在着。如果不出变故，田单的命运将是为乐毅所俘虏。世事难料！恰好在那个时候，也就是公元前279年，燕昭王死了，燕惠王即位，田单得知新上任的燕惠王对乐毅很不信任，就想利用这一点大做文章，寻找突破口。

为了进一步离间燕国君臣之间的关系，田单派间谍到燕国，把乐毅要称王的假消息传得沸沸扬扬。间谍们散布谣言说："乐

毅打下齐国七十多座城易如反掌，如今齐国无主，而且仅剩两座城，乐毅却久攻不下。其实是他根本不想速战速决，而想收买齐国民心，日后好在齐国称王。乐毅和燕惠王不和，不打算再回到燕国了。"

燕惠王听到传言，十分担心，立即派骑劫前去代替乐毅，并召乐毅回国。乐毅知道燕惠王这是在怀疑他，如果回国肯定不会有什么好下场，于是就逃到赵国去了。临阵更换主帅，燕军的士气肯定受到影响。骑劫上任后急于求胜，于是一改乐毅的策略，命令燕军强行进攻即墨，但田单不与他正面交锋，只是据城坚守。

田单为了让全城百姓同仇敌忾，规定所有人在吃饭之前都要先在院子里摆上水果等供品祭拜祖先，这些供品把很多飞鸟吸引到即墨城来。那时候的人比较迷信，把这群鸟飞过看成是好兆头，齐军和燕军看到这么多鸟飞到即墨，都觉得这一定预示着什么。

田单借机放出传言："上天要助我们齐军来打胜仗了，会派一个神人来指点我们。"然后田单找了一个士兵，说他就是上天派来的神人，并像敬神那样供奉他。以后田单只要下达军令，都说是神人的教诲。

田单的这种做法，让齐军和燕军都信以为真，增强了齐军取胜的信心，使他们对军令更加服从，同时也给燕军造成了压力。

田单知道骑劫在燕军的军营里，就让人传言说："即墨人最害怕燕军割掉齐军俘虏的鼻子，那样的话即墨人就都闻风丧胆了。"骑劫听到后，真的就下令割去齐军俘虏的鼻子，以为这样

会吓得即墨人投降。结果，这种残忍的行为反而激起了即墨军民心中的仇恨，增强了他们抗燕的决心。

不久，田单又让人传言说："即墨人无法护卫城外的祖坟，要是被燕军挖了，即墨人就会大受打击，没有斗志了。"骑劫听到这话，又派人挖掘了即墨人的祖坟，对尸体进行鞭打和焚烧。即墨军民见状群情激奋、同仇敌忾，都想拼死去攻打燕军。

火牛助战，田单复国

田单靠这些办法把即墨军民的斗志激发起来，然后他选出五千精兵藏在暗处悄悄训练，让一些年老体弱的士兵和城中的妇女来守卫城墙。同时让人假扮成即墨的富户，带上财宝偷偷出城去贿赂骑劫，求骑劫在打下即墨之后放过他们的父母和妻儿，以此造成即墨已经招架不住的假象。骑劫以为胜利在望，非常高兴，下令让士兵们休整几日，准备一举拿下即墨。

这时，田单抓紧时间加固城墙，修筑防御工事，整编军队。田单让他的妻子和孩子都加入了作战队伍，还把自己个人的全部财产拿出来犒劳士兵。众人见状，更加拥护他。一切准备妥当之后，田单就派使者去向骑劫表示愿意投降，约定几日后举行受降仪式。

受降日的前一天，田单把从城中搜寻来的千余头牛赶到一起，每头牛都被精心打扮了一番：牛身上披着大红的布，布上花花绿绿地画着面目狰狞的怪兽形象；牛角上绑着尖锐的刀，前腿

上绑着枪，寒光闪闪；尾巴上还系着一束用油泡过的麻线。先前隐蔽的五千精兵这时候都出来了，个个脸上都画得凶恶狰狞。

天黑之后，城墙上虚掩着的几十个大洞被推开，士兵们把牛赶到洞口。田单一声令下，士兵们将系在牛尾巴上的麻线用火点燃了，牛被烧得大声怪叫，带着火疯了似地冲入燕军营地，五千精兵也随后出动。

懈怠的燕军将士们正在熟睡之中，完全没有防备。突然被怪叫声和脚步声惊醒，才发现许多营帐已经着火，一大群模样奇怪的四脚猛兽在营地里窜来窜去，身边还有很多长相怪异的持刀人在大肆砍杀。燕军被这架势吓得心惊胆寒，一时间阵脚大乱，四散逃命。最后，燕军死的死、伤的伤，损失过半，主帅骑劫也死在齐军的刀下。

知识链接

火牛阵

　　火牛阵，即将刀绑在牛角上，刀刃向外，把枪绑在牛的前腿上，然后将桦树皮、细草、用油浸泡过的麻绳等绑在牛尾上，将其驱赶到敌军方向，然后点燃牛尾上的易燃物，牛因惊吓势必向前奔跑，敌军受到牛群的冲撞必定乱作一团，这样就可以趁机向敌人发起进攻。这种攻略，就是把火攻和猛牛巧妙地结合。用动物打仗，在历史上有记载，据说西周

> 初期周公打仗，就曾使用过大象。在中原，大象灭绝了，但是牛多的是，田单推陈出新，用火和牛组合打仗，是军事上的一次创新。无独有偶，西方古罗马时期，迦太基人、著名的汉尼拔将军与罗马帝国作战时也使用过一次火牛阵，不过他的火牛阵是在牛角上点火。

齐军一鼓作气，继续追杀燕军并不断扩充兵力。燕军所占之地的齐国百姓也发起暴动，协助田单从燕军手中恢复土地。这样，田单轻易地夺回了先前陷落的所有城池，一路追击，把燕军赶出了齐国国境。一个田单，在国家危难的时候，调动民心、团结民众，以他特有的智慧使齐国死而复生。可国家恢复了，得有个君主啊。

这时候，齐国的新王就露头了，这个人小名叫法章，是齐湣王的儿子。齐湣王被杀后，法章逃到民间，藏到了太史敫的家里，给太史敫家做杂活，不敢说自己是王的儿子。但是，太史敫的女儿慧眼识人，看法章怎么都不是个一般人，就跟法章好上了。在没有父母之命、媒妁之言的情况下，俩人还生了个儿子。太史敫因为这件事，一辈子都不愿见女儿，说女儿跟别人私通，德行不好，丢不起这人。后来太史敫的女儿当上了王后，老爹还是始终不愿见她。这个老古板，就不去多说了。

等到田单把燕国的部队打跑了以后，找君主，法章就露头了。法章说，他是齐湣王的儿子。于是，大家就立法章为新一代

的齐国君主，这就是齐襄王。

齐襄王在位不久，也去世了。齐襄王的儿子，也就是太史敫女儿的儿子，继位做了齐国最后一代王，叫作齐王建。齐王建在位期间，他的母亲一直辅佐着自己的儿子，四十多年齐国没有出大的乱子，慧眼识人的齐襄王王后是起了一定作用的。不过，当秦国腾出手来收拾残破的齐国时，齐国再也无力招架，为秦所灭。

〈智慧点津〉

总体而言，齐国，战国时期的泱泱大国，经济、军事、文化发达，出过像齐威王那样有一定作为的君主，到了齐湣王这儿，因为错误的路线，轰然倒地，差点灭国。国家尽管有田单这样的英雄，再续国命，但历史不会再给齐国机会了。"战国七雄"都有可能统一天下，齐国的盛衰包含着深刻的历史教训。由此观察秦国之所以统一天下，首先必须承认，是它自身的强大；其次，有一半的原因是东方那些强国们没有走好自己的路。这种教训，比秦始皇统一中国的经验更耐人寻味。

田单复国

稷下元老

——淳于髡智谏齐王

淳于髡出身卑微、身材矮小、其貌不扬，却得到齐国几代君主的尊崇和器重。齐威王刚继位时，沉湎声色，不理朝政，淳于髡力谏，使齐威王幡然悔悟，厉行改革。淳于髡也曾多次代表齐王出使诸侯国，都圆满地完成了任务。淳于髡由贱而贵，固然和齐国奉行的"举贤上功"的统治政策有关，但根本原因还在于他具有超乎常人的智慧和才干。

讽谏齐王

淳于髡是战国时期齐国的一个入赘女婿，身高不足七尺，为人幽默，能言善辩。

> **知识链接**
>
> ### 淳于髡其人
>
> 当时的齐国风俗认为，家中的长女不能出嫁，要在家里主持祭祀，否则不利于家运。这些在家主持祭祀的长女，被称作"巫儿"，巫儿要结婚，只好招婿入门，于是就有了赘婿。如果不是经济贫困，无力娶妻，一般人是不会入赘的。"髡"指剃掉头顶周围的头发，其实是先秦时对人侮辱性的一种刑罚。从以上这些信息可以确定，淳于髡出身于社会底层。

齐威王即位初期，好彻夜宴饮，逸乐无度，不管政事，把政事都委托给了卿大夫。赵国、韩国、魏国三国见有机可乘，都纷纷出兵，侵占齐国的土地。齐国的大臣们都忧心忡忡，但是没人敢出来劝谏。于是淳于髡挺身而出，给齐威王讲了一段隐语："都城中有只大鸟，落在了大王的庭院里，三年不飞又不叫，大王知道这只鸟是怎么回事吗？"齐威王胸有大志，只是暂时消沉，并非是昏庸无能之辈，淳于髡的讽谏一下子就点醒了他。齐威王也用隐语说道："这只鸟不飞则已，一飞就直冲云霄；不叫则已，一叫就会使人惊异。"

齐威王立刻就诏令全国七十二个县的长官全部入朝奏事，奖赏了最有功的，处死了罪恶深重的。然后出兵向入侵的诸侯宣战。诸侯一看齐威王这只大鸟竟然飞了起来，赶紧归还了齐国的

土地。齐威王一鸣惊人，从此叱咤风云几十年。

齐国渐渐强大起来后，齐威王就有点飘飘然了，想出兵攻打魏国，但是时局对齐国很不利。淳于髡劝谏威王时，说了一个故事。他说有一只跑得最快的猎狗和一只天下最聪明的兔子，猎狗追逐这只狡猾的兔子，在山上绕了三圈也没有追到，又跑过山头跑下山岭，追了五次却没能抓到兔子。兔子被猎狗追赶，不停地在前面跑，最后竟然累死在田地里，猎狗在后面不停地追兔子，也累得倒在了田地上。这时候田里有一个农民看到了兔子和猎狗，很轻松地就抓到了它们。

接着，淳于髡说道："齐国和魏国也是如此，长期作战使得两国的士兵都疲惫不堪。如果这个时候秦国和楚国攻打过来，它们获胜恐怕是轻而易举的事情。"齐威王听完这个故事后，意识到了事情的可怕后果，急忙召回军队，让士兵和民众都好好地休养生息。

有一次，齐威王召淳于髡进宫喝酒。酒宴中，威王问："先生能喝多少酒才醉？"淳于髡回答："臣喝一斗也醉，喝一石也醉。"威王不解，问道："先生喝一斗就醉了，为什么还能喝一石呢？"淳于髡说："在大王面前饮酒，执法官在旁边，御史在后面，我心怀恐惧，不过一斗就醉了。如果家里来了贵宾，我小心地在旁边陪酒，不时起身举杯祝他们长寿，那么喝不到二斗也就醉了。如果朋友或故交突然见面，互诉衷情，大概可以喝五六斗。如果是乡里的盛会，男女杂坐，无拘无束，席间还有六博、

投壶等娱乐项目，我心中高兴，大概喝到八斗才有两三分醉意。天色已晚，酒席将散，酒杯碰在一起，人们靠在一起，男女同席，鞋子相叠，杯盘散乱，厅堂上的烛光熄灭了，主人留髡而送客，女子薄罗衫轻解，微微地闻到一阵香气，这个时刻我心里最欢快，能喝一石。"淳于髡抓住这个时机，向齐威王委婉地劝谏道："饮酒可多可少，但是酒极则乱，乐极生悲，万事都是这样的。"齐威王更加相信淳于髡的话，从此戒掉了长夜之饮，除去了淫靡之风。

公元前394年，楚国发兵大举进攻齐国。齐威王派淳于髡到赵国去请救兵，让他带上黄金百斤、马车十驷作为礼物。淳于髡大笑，笑得连系帽子的带子都断了。

齐威王问道："先生是嫌所带的礼物少吗？"淳于髡说："怎么敢呢。"齐威王又问："那是为什么呢？"淳于髡说："刚才微臣从东方来，看见大路旁有人在祭祀神灵、祈福消灾，那人拿着一只猪蹄、一壶酒，祷告说'让易旱的高地粮食装满笼，让易涝的洼田粮食装满车，让五谷茂盛丰收，多得把整个屋子装满'。我见他手里所拿的祭品微薄，想要得到的却很多，所以在笑他呢。"

齐威王听完后，立即把赠给赵国的礼物改为黄金千镒、白璧十双、车马百驷。淳于髡到了赵国，交涉十分顺利，赵王给了他精兵十万，战车一千乘。楚国听到这个消息，连夜撤兵离去。

问难师友

齐威王去世后,他的儿子齐宣王继位,刚上台的齐宣王求贤若渴,号召天下推荐有才干、品德好的人。淳于髡一天内就向齐宣王推荐了七名贤士。齐宣王对顷刻间出现的这么多贤士感到有点怀疑,于是把淳于髡叫到跟前,对他说:"我听说,能在方圆千里的范围内找到一位贤人,那么天下的贤人多得可以肩并肩地排成行站在你面前。在古今上下近百代的范围内能出现一个圣人,那么世上的圣人就多得可以脚跟挨着脚跟地向你走来。今天,先生您在一天的时间内就给我推荐了七位贤人,如此看来,贤人岂不是遍地皆是了吗?"

淳于髡笑了笑,对齐宣王说:"物以类聚,人以群分。同类的鸟,它们总是栖息、聚集在一起;同类的野兽,它们也总是行走、生活在一起。如果我们到低洼潮湿的地方去寻找柴胡、桔梗这些植物,别说短短几天,就是几辈子也不会找到一棵;如果到山上去找,那就多得可以用车去装了。万物都是同类相聚的。我向来与贤士为伍,我的朋友个个都品德高尚、才智非凡,大王您找我寻求贤士,这就像在河里舀水、在火石上取火一样,轻而易举,取之不竭。您怎么能嫌我一天之内给您举荐的贤士太多了呢?我周围的贤士多得很,岂止这七个人!今后,我还要继续向大王推荐呢。"淳于髡的一番话,让齐宣王茅塞顿开,心服口服。

齐宣王想与楚国交好,于是派淳于髡出使楚国,特意让他带

去一只鹄作为赠送楚王的礼物。谁知刚出城门，鹄就飞了。淳于髡托着空鸟笼，前去拜见楚王，说："齐王派我来向大王献鹄，我从水上经过，不忍心鸟儿饥渴，就放它出来喝水，谁知它竟离开我飞走了。我想要刺腹或勒颈而死，又担心别人非议大王因为鸟兽的缘故致使士人自杀。鹄是羽毛类的东西，相似的很多。我想买一个相似的鸟儿代替，可这是欺骗大王，所以我不愿意这样做；想要逃到别的国家去，又痛心齐、楚两国君主之间的通使由此断绝。所以前来服罪，向大王叩首，请求责罚。"

结果楚王不但没有怪罪淳于髡，反而赞叹道："真不错啊，齐王竟有像你这样忠信的臣子！"楚王用厚礼赏赐淳于髡，财物比鹄的价值还要多一倍。

其实，淳于髡不仅在政治上很有建树，他还是一个很有影响力的学者，早在田齐桓公田午创办稷下学宫的时候，淳于髡就是学宫的元老之一，传说中的亚圣孟子都受过淳于髡的"刁难"。

知识链接

稷下学宫

稷下学宫由田齐桓公田午（田齐桓公全名田午，是田氏代齐后的第三代国君，因其谥号为桓，故又称齐桓公，后人为了将其与春秋时的姜姓齐桓公区别，称其为田齐桓公或齐桓公午。史又称其为蔡桓公，扁鹊见蔡桓公的蔡桓公即

其人）建立，它被建在齐国都城临淄的稷门外，因此而得名。田午的目的是想借此广招有才能的学士，许多来此的学者都被封为齐国大夫。齐宣王时，稷下学宫进入鼎盛时期，很多人都慕名而来，齐宣王将邹衍、慎到等七十六人封为上大夫，显示出他对能人智士的重视。稷下学宫为百家争鸣提供了条件，许多学说观点是在这里被提出来并逐渐走向成熟的。不过在齐湣王之后，稷下学宫逐渐走向衰弱，虽然在齐襄王时力图发展，却没有见效。那时的秦国已经占领天下过半的土地，这些有才能的人都投奔了秦国。随着齐国灭亡，稷下学宫也走下了历史舞台。

一次，孟子游历齐国，淳于髡知道后便去拜访这位名人。淳于髡心想："今天我何不趁此机会同他辩论一场，看他是徒有虚名还是名副其实。"于是，淳于髡向孟子发起了攻势，提出一个明知故问的问题："请问先生，男女之间授受不亲是礼制所规定的吧？"

孟子是个老实人，便规规矩矩地回答："淳于先生，你说的授受不亲当然是礼制所规定的。"淳于髡又问："那假如你的老婆掉水里了，兄弟我是救还是不救呢？"孟子很生气，心想这个淳于髡简直是胡说八道，但一下子又明白过来问题的矛盾之处，便解释道："男女授受不亲的确是礼，但救嫂子是权宜之计啊！"

淳于髡讥讽孟子："那现在天下黎民生活在水深火热之中，

你为什么不伸出友爱之手呢？"孟子说："我的嫂子掉进水里，我可以拉一把。救天下黎民百姓要授之以道。假如按先前所说，那么先生的意思是要我用手去一个一个的拯救天下人？"淳于髡觉得孟子说得有理，暗自佩服。

< 智慧点津 >

淳于髡以博学多才、善于辩论著称，他居安思危、革新朝政，多次用隐言微语的方式讽谏齐威王，还多次以特使的身份周旋于诸侯之间，不辱国格、不负君命。他长期活跃在齐国的政治和学术领域，上说下教，不治而议论，为齐国的振兴与强盛留下浓墨重彩的一笔。俗话说"伴君如伴虎"，可淳于髡凭借自己过人的才智和独到的语言技巧，使君王信服，为后世劝谏者观而学之。

稷下元老

将相之和
——发文者之功，传武者之力

战国时赵国舍人蔺相如出使秦国，不辱使命，完璧归赵；又陪同赵王赴秦王设下的渑池会，使赵王免遭暗算。为奖励蔺相如的汗马功劳，赵王封他为丞相。老将军廉颇居功自傲，对此不服，屡次故意挑衅，但蔺相如以国家大事为重，始终忍让。后廉颇终于醒悟，向蔺相如负荆请罪，将相和好，共同辅国。

完璧归赵

当初赵国得到一块价值连城的"和氏璧"，秦昭王很想得到它，便说要用十五座城池来交换。秦昭王这个人一直以来不讲信用，他之所以说交换其实就是想用武力来使赵国屈服，夺取和氏璧。如果赵国不肯换，那么秦国就有了发兵的借口。

> **知识链接**
>
> ### 和氏璧
>
> 古代中国的玉器分为玉琮、玉环、玉璧等多种，其中的玉璧，形状如同一个大圆盘。至于和氏璧，则是当时天下人都知道的宝贝。
>
> 《韩非子》里有《和氏》一篇，讲的就是这块璧的来历。传说春秋时，楚人卞和在楚山，他认定山上有宝，经仔细寻找，终于在山上发现一块璞玉。卞和将此璞献给楚厉王，然而经过玉工辨认，璞被判定为石头。楚厉王以为卞和欺君，下令斩断卞和的左脚，逐出国都。楚武王即位后，卞和又将璞玉献上，玉工仍然认为是石头，可怜的卞和又因为欺君之罪被砍去右脚。到了楚文王即位，卞和揣着璞玉在楚山下痛哭了三天三夜，导致满眼溢血。楚文王很好奇，便派人问他："天下被砍脚的人有很多，为什么只有你如此悲伤？"卞和感叹道："我并不是因为被削足而伤心，而是因为宝玉被看成石头、忠贞之士被当作欺君之臣、是非颠倒而痛心啊！"这一次，楚文王直接命人剖璞，结果得到一块无瑕的美玉。为了奖励卞和的忠诚，美玉被命名为"和氏之璧"。这就是后世传说的"和氏璧"的来历。

这让赵王十分为难，给出去的话，肯定得不到秦王许诺的十五座城池，不给就会招来祸患。这时有一个官员就对赵王说："我有个门客叫蔺相如，他智勇双全，可以让他来想想办法。"赵王也没有对策，只好叫来蔺相如试试。

赵王将此事告知蔺相如，蔺相如便说道："我认为大王还是同意比较好，秦国比我们强大很多。"赵王担心地说道："若是秦国拿了'和氏璧'，却又不给我们城池呢？"

蔺相如答道："秦国提出这个要求，大王若是不答应，就是赵国理亏，如果秦国收了'和氏璧'，却又不按承诺拿出城池，就是秦国理亏。两者相比较，还是后者更好。如果大王相信我，我愿意去与秦王交涉，如果秦王将城池给我们，我就将'和氏璧'留在秦国，如果秦王不给，我一定会把'和氏璧'带回来！"赵王见他说得如此肯定，便同意让他去。

蔺相如到了秦国，见到秦王之后，就将"和氏璧"递上去。秦王拿起来反复观赏，又递给左右的妃子，众人都对玉璧赞不绝口。

蔺相如在堂上等了许久，见秦王压根儿都不提给赵国十五座城池的事，便知道秦王绝对不会兑现诺言。蔺相如说道："大王，这块玉璧上有一点瑕疵，如果不仔细看是看不出来的，让我指给大家看吧。"秦王信了他的话，便将"和氏璧"递给他。

谁料蔺相如接过玉璧后，直接跑到大殿中的柱子旁边，怒发冲冠地对秦王说道："大王想得到这块玉璧就去向赵王索要，赵国的大臣们都认为秦国贪得无厌、不讲信义，只是依仗着军事实力强大，随意编了几句话去骗赵王，所以大家反对把玉璧拿过

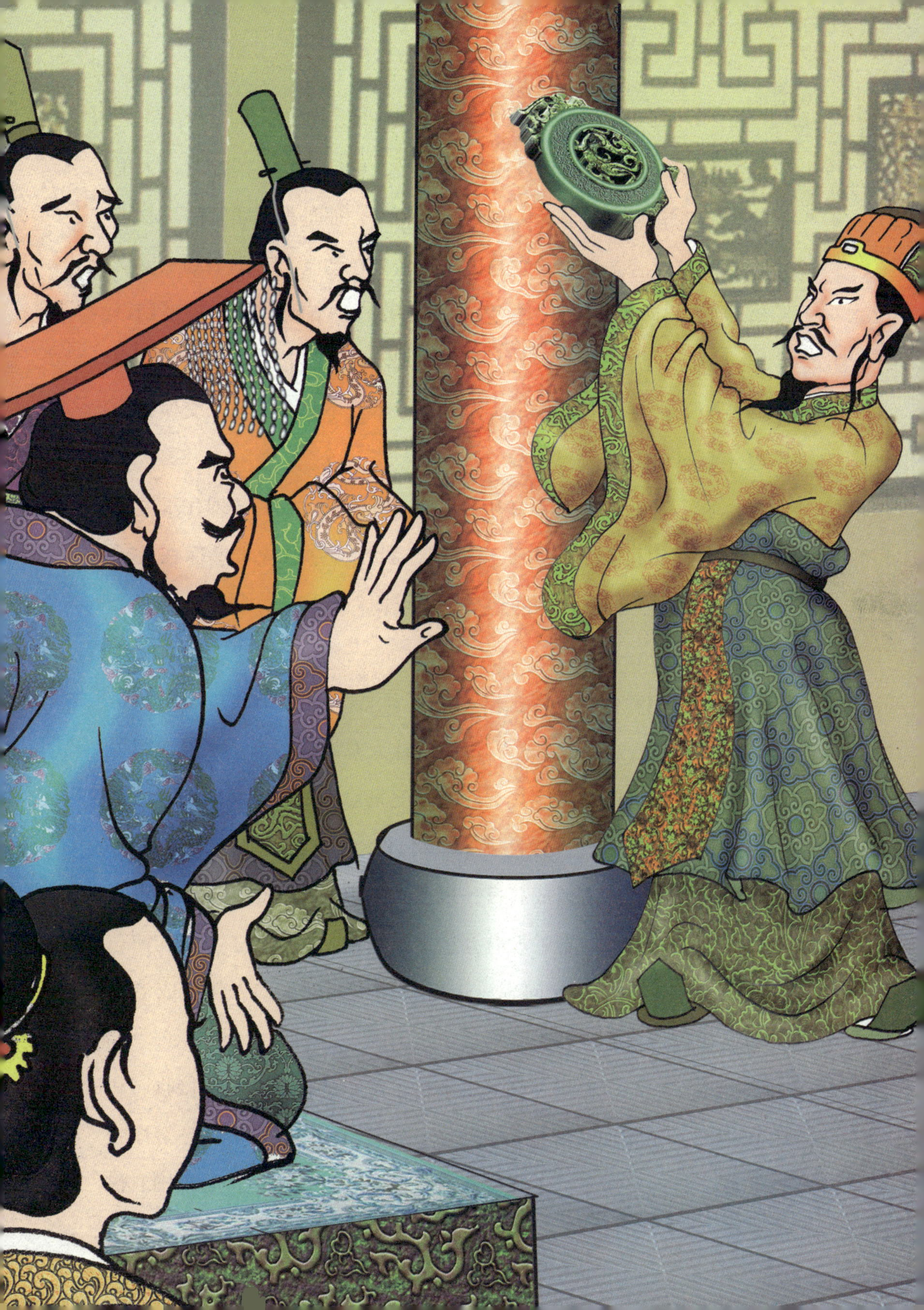

来。但我认为普通的百姓尚且讲信义,更何况是一国之君;大王因为一块玉璧而伤了秦、赵两国的和气,那是很不明智的。赵王听信了我的话,沐浴斋戒五日,才亲自在朝堂上将国书和玉璧交给我,让我送到秦国。这是多么恭敬的礼节啊!可是我来到秦国,把玉璧献给大王,大王对我不理不睬,更是对给赵国十五座城池的承诺只字不提。我认为大王根本就不想拿城池来交换,所以才拿回和氏璧。"

这一番话让秦王不知所措。蔺相如继续说道:"现在玉璧在我手上,如果大王一定要强迫我,我就会拿这块玉璧撞在柱子上!"说完,就怒气冲冲地举起玉璧面对着柱子,随时准备将玉砸碎。

秦王一看他要砸毁玉璧,忙笑着说:"先生此言过激了,是我一时疏忽,忘了此事。"说完就让人拿出地图,还不停地用手指着,说从某地到某地共十五座城池是给赵国的。蔺相如知道这是秦王的缓兵之计,索性就来个将计就计,认真地说道:"当初赵王献出玉璧沐浴斋戒五日,现在大王想要接受这块玉璧,也应该这样做才是。"秦王没有办法,生怕他一怒砸碎了玉璧,便勉强同意下来。蔺相如回到旅馆后,连忙让同来的人化装成老百姓,偷偷地拿着"和氏璧"从小路回国。

五天以后,秦王在朝廷上举行了隆重的仪式,准备接收"和氏璧",蔺相如从容地走到近前,对秦王说道:"秦国自秦穆公以来,已经经历了二十九位国君,但是我从没听说过哪个国君讲过信用，我担心受骗，便早已将'和氏璧'派人送回了赵国。赵国弱小，秦国强大，大王若是真心实意用十五座城去交换'和氏璧'，赵国没有不答应的理由。过去孟明视欺骗晋国、张仪欺骗楚国都是秦国所为，我不希望大王再背上欺骗赵国的恶名，所以就这样做了。我欺骗了大王，请大王治罪吧！"

知识链接

孟明视归秦

孟明视是春秋时期虞国人，百里奚的儿子，秦穆公的主要将领。公元前628年，郑国镇守北门的人跑到秦国，鼓动秦穆公偷袭郑国，穆公为之所动，就派孟明视袭郑，可是郑国早有准备，偷袭无望，只好班师回朝，但秦军不甘心空手而归，顺手便将姬姓小国滑国灭掉了。那时滑国属于晋国，晋国正苦于找不到攻打秦国的借口，有了这么一出，晋国就兴师问罪，与秦军大战于崤，结果秦军全军覆没，孟明视被俘。晋襄公的母亲、晋文公的夫人是秦穆公的女儿文嬴，她对晋襄公说秦穆公对孟明视恨之入骨，劝襄公把他们放回秦国，看秦穆公如何烹之。晋襄公便放了孟明视。后来晋襄公改变了主意，马上派人去追。晋军追到河边时孟明视已经上了船，追兵便解下一匹马，谎称是奉晋君之命将此马赐给孟明视，引诱他上岸。但孟明视没有中计，他在船上拜谢道：

"蒙晋君的不杀之恩，回到秦国若被杀，临死也不忘晋国的恩德；若被赦免，三年后向晋君拜赐。"回到秦国后，秦穆公素服相迎，把失败归咎于自己，恢复了孟明视的官职。三年后，秦穆公又派孟明视与晋国决战，这次秦军大败晋军，还掩埋了之前阵亡的秦军将士的骸骨。这场战役威震西戎，有二十多个小国和部族争先恐后地归附了秦国，使秦国扩地千里，成为西戎霸主。

秦王和大臣们都十分恼怒，可是又拿他没有办法，蔺相如早已将生死置之度外，杀了他也没用。秦王知道如果杀了蔺相如会留下骂名，放了他反而会显得自己大度宽怀，于是就将蔺相如放走了。

蔺相如回到赵国，保全了"和氏璧"，这便是历史上有名的"完璧归赵"的故事。自此以后，蔺相如的地位逐渐上升，赵王也更加器重他。

渑池相会

秦王对这件事情一直耿耿于怀，想要羞辱赵国一番，便发出邀请，要与赵王在渑池相会。赵王担心步楚怀王的后尘，迟迟做不了决定。这时，廉颇和蔺相如都建议赵王去赴会，不然会被秦王看不起。赵王在经过深思熟虑之后，决定带着蔺相如前去，而让廉颇留守朝中，并安排好后事，万一自己被抓，就让廉颇立太

子为君，以免受到秦国的要挟。赵王率了五千精兵前往，让平原君带着数十万大军在后面接应，如有不测就发兵攻过去。

秦王和赵王都如期而至，俩人一边喝酒一边聊天，看起来像多年的老朋友相见，让人丝毫感觉不到危机。不过就在俩人喝得差不多的时候，秦王突然说道："我听说赵王精通乐理，请为我鼓瑟如何？"赵王没有办法推辞，只好忍气吞声地弹了一下瑟。秦王是别有用心，他立刻叫人记录此事。当然了，这事是会记录在史书上的。站在旁边的史官根据秦王的指示写下：某年某月某日，秦王与赵王相会饮酒，令赵王鼓瑟！

赵王见状气得要命，如今赵国的实力虽然比不上秦国，却也在东方六国中居首，而秦国将赵国当成附属国来看待，竟然还将鼓瑟一事载入史册，这太欺负人了。

赵王虽然生气，却也想不出报复的办法，只能默默地忍耐。

就在此时，蔺相如端着一个瓦盆，走到秦王面前说道："我听说秦王擅长击缶，请为我们大王击一次缶。"秦王听完立刻暴怒，没有理会他，转而给护卫们使眼色，这些护卫就要上前将蔺相如拿下。

这时却听蔺相如暴喝一声："闪开！"然后又对秦王说道："大王您的军队虽多，但是在这里派不上用场。只要我想杀大王，就可以立刻让大王血溅五步！"秦王见蔺相如说得十分认真，随时准备要扑过来的样子，心里也很害怕，他知道蔺相如说得出就做得到，无奈之下，只好击了一下缶。蔺相如就立刻叫人

记下：某年某月某日，秦王为赵王击缶！

秦国的大臣们见秦王伤了颜面，便一脸不悦地说道："请赵王割地十五座城池为秦王祝寿！"蔺相如也针锋相对地说："请秦王用咸阳城为赵王祝寿！"

接下来，双方就展开了口水战，这一场宴会就变成了外交斗争。秦国的大臣频频发难，却都被蔺相如一一化解，而且以牙还牙，毫不退让。秦国没有占到什么便宜，结果都是自取其辱罢了。秦王哪里能忍受这样的场面，便决定以武力使对方屈服，但是秦人的探子来报赵国也派了大军，秦王只好作罢。

负荆请罪

从渑池回来后，因为蔺相如的功劳很大，赵王便拜他为上卿，位在廉颇之上。廉颇哪里能容忍这种事情发生。他这些年在外作战，为赵国立下汗马功劳，各诸侯国的将军听到他的名号都不禁胆寒。

廉颇认为蔺相如也就只会耍耍嘴皮子，没什么能耐，加上蔺相如的出身卑微，廉颇就说："我见到蔺相如以后，一定要好好羞辱他一番。"

蔺相如听说此事后不仅没有发怒，反而总是避开廉颇。每逢朝见，他都称病不去，当他外出看到廉颇的车马后，也是让车夫赶快掉头离开。

因为这件事，蔺相如身边的人都对他有意见："我们为你效

劳,是因为你的高风亮节,仰慕你的名声而来。现在你与廉将军同列,甚至还高于他,可是他恶语中伤你,你不去争论,反而还处处躲着他,生怕被羞辱,你如此胆小怕事也太过分了。这在一般平民老百姓身上也会感到羞耻,何况你贵为相国。我们不愿意跟着你被人看不起,请允许我们离开吧!"

蔺相如有意挽留大家,便问道:"你们认为廉颇与秦王哪个更可怕?"下面的人答道:"当然是秦王!"蔺相如又继续说道:"秦王那样威风可怕,但是我能当面呵斥他,折服他的臣子,我即使再无能也不会怕廉将军。我是想,秦国之所以不敢向赵国进犯,就是因为我和廉将军团结一心,内部稳定。现在,如果我和廉将军相争,赵国的根基必定会动摇,实力也会有所下降。当秦国得知后,肯定会来攻打我们,我不希望因为私人恩怨而影响整个国家。"

这些人听完后默默地低下头,不再说要离开,反而将这些话传了出去。廉颇听到这番话后,感到十分惭愧,于是就光着上身,背着荆条,去蔺相如家请罪。他对蔺相如说:"我只是个粗人,想不到相国宽容到如此地步,希望你能够不计前嫌,我愿与你一同辅佐大王。"蔺相如把荆条扔在地上,急忙用双手搀扶起廉颇,给他穿好衣服,拉着他的手请他坐下。

蔺相如和廉颇从此成了很要好的朋友,这两个人一文一武,同心协力为国家办事,秦国因此更不敢欺辱赵国了。这一段将相和的故事广为流传,也因此有了"负荆请罪"这个成语。

< 智慧点津 >

历史上，大臣之间互相争斗的情况屡见不鲜。吴国宰辅伯嚭与伍子胥的矛盾，导致越国吞并吴国；赵高与李斯之间的斗争，互相攻杀，加快了秦国的灭亡；东汉末年，董卓与王允的冲突，把朝廷闹得鸡犬不宁；康熙年代，明珠与索额图之间的两党斗争，导致清政府官场腐败，国力受损，几乎酿成亡国的大祸。可见大臣之间的斗争非同小可，往往关系着国家的前途和命运。但是，廉颇和蔺相如则是文武大臣之间和睦相处的典范。当有人给廉颇讲明蔺相如多次退让的原因时，廉颇的思想很快就转变过来了，暗自思量，悔恨难当，并马上向蔺相如负荆请罪，可见廉颇的感情是真诚的。廉颇和蔺相如的精神非常高贵，在国家利益面前，能以大局为重，把个人的恩怨抛在一边，共创一段千古佳话。

毛遂自荐

——成才需趁早，成名靠推销

好酒也怕巷子深，英雄也需要用武之地。毛遂在平原君赵胜的门下待了三年，一直没有表现的机会，空有一身智谋却发挥不出来，只能默默无闻，孤芳自赏。但他能把握恰当的时机，在关键时刻勇于推销自己，以其超人的胆识和智慧，成功促成了楚国、赵国联合，为后世留下"三寸不烂之舌强于百万之师"的美誉。

从默默无闻到一鸣惊人

公元前261年，秦军在长平大败赵军之后，围攻赵国都城邯郸，赵国危在旦夕。赵王急得像热锅上的蚂蚁，忙召平原君进宫商讨退兵的方法。平原君说："看现在的局面，只好向其他国家求助了。我和魏王的弟弟信陵君是姻亲，我们向来关系很好，可以求他发兵援助。楚国国力很强，如果能和我们联合起来，共同

对抗强秦，邯郸之围可解。我愿意亲自前去说服楚王。"赵王毫不犹豫，立马同意了。

平原君是战国时期有名的公子，对有德有才的人以礼相待，不计身份前去结交，很多人投奔他，所以平原君的门客众多。平原君回府后立即召集门客，把即将出使楚国，联合抵抗秦国的事告诉了他们。平原君说："这一次去楚国，要求合纵，订立盟约，关系到赵国的生死存亡，所以只许成功不能失败。如果和平谈判不行的话，就只好使用武力逼迫，所以选出来的二十个人必须文武双全。大家都是有才能的人，况且现在事发紧急，这二十个人就从你们当中挑选吧！"

平原君门客虽然众多，但是能文的不一定能武，能武的不一定能文，选来选去只选出十九个，最后一个合适的人怎么找也找不到。平原君忍不住感慨道："我选贤任能几十年，聚拢了这么多门客，没想到竟然连二十个人都选不出来。"

这时候，坐在最后面位置的毛遂站起来，说："我虽然没有什么才能，可愿意随同前往。"平原君看着这个人，觉得没见过几次面，也没听身边的人提起过他，就故意考验他，问道："先生到我门下多久了？"毛遂回答："有三年了。"

平原君不以为然，目光里有了一丝轻视的意思，委婉地说道："在这个世界上真正有才德的人，好像放在口袋里的一把锥子，很快就能扎破口袋，引人注目。现在先生到这里已经有三年了，我却从来没有听人提起过先生，可见，先生无论文武都算不

上是上等。何况，楚国之行关系到国家的存亡，这么重大的使命，以先生的本事恐怕难以承担，先生还是留在这里吧。"

平原君这么说，毛遂没有丝毫退缩，他马上回答："您说得有道理。有才德的人在这个世界上是能表现出才德来的，但是首先要有表现的机会。您以知人善任、以礼待人而为人称道，但是如果您没有赵国公子这样的名号，又有几个人知道您的名声，您怎么会有今天的地位呢？我之所以没能被人注意到，也是因为没有机会进到口袋里，不然早就从口袋里冒出来了，而不只是扎破口袋而已。"毛遂对答如流，说理清晰，让平原君甚为惊奇。时间紧迫，也不可能再去其他地方寻找人选，平原君见他气度不凡，于是就答应让他随行。

另外十九个随行的人虽然也听到了毛遂的话，但没有一个人把他放在心上。他们觉得这个人不过是在耍嘴皮子罢了，都在暗自嘲笑他自不量力。这十九个人都认为自己学识渊博，一路上侃侃而谈，说东说西，针砭时弊。而毛遂总是一言不发，但偶尔发言，必定一针见血，见解透彻。

楚廷约纵，利锥难藏

军情紧急，平原君到楚国后，第二天一早就连忙赶到楚国朝堂和楚王商讨六国合纵的事。楚王说："六国合纵本来就是赵国发起来的，但是从来没能让联盟稳固。大家先是拥立怀王做纵约长，一起领兵讨伐秦国，没能攻下它；后来又拥立齐王为纵约

长，但是每个国家都想着自己的利益，联盟不成，又失败了。到了现在，六国合纵这件事都成了大家的避讳，就算结成联盟，六个国家各有各的心思，也拢不到一块儿，没用的。更别说以秦国现在的国力，哪一个国家能跟它对抗呢？还是各安一方求自保才是良策啊。而且秦国和楚国才刚结交，约定从此以后友好往来，如果楚国又跟赵国联合起来，不就违背了跟秦国的盟约吗？这样做一定会招来刀兵之祸的，不就等于替你们赵国背黑锅了吗？合纵的事还是不要再提了！"楚王畏惧强大的秦国，不敢答应合纵的事。平原君再三恳求，陈述利弊，直到中午也没能说服楚王。

毛遂和其他十九个门客在外面等着，久久不见平原君出来，非常担心和焦虑，但是其他十九个人都不敢进去探视一下情况，于是他们就对毛遂说："先生去看看吧。"毛遂一言不发，直接提起剑上了台阶，昂首阔步走到殿内，问平原君："六国合纵的事，只要说清楚利弊，不过就几句话的事情，怎么谈了一上午还谈不出结果呢？"

楚王一看，这个人居然敢提着剑直闯进殿，而且说出来的话这么没有礼貌，很是生气。但他被这个人的气场震住了，因为不知道毛遂的来历，所以他也不敢贸然呵斥，于是先问平原君："这个人是谁？"平原君说："这是我的门客毛遂。"楚王一听，心想你这个毛头小子居然还敢来我这里撒野，立刻大声呵斥道："放肆！我和你的主人在商讨国家大事，哪里容得你插嘴，还不赶快出去！"

毛遂毫不畏惧，提剑上前，慷慨陈词："六国合纵，事关天下，天下的人都可以说，我为什么不能说？更何况你在我的主人面前斥责我，是想给谁难堪呢？你不过是仗着楚国人多势众罢了。可是，现在我和你之间不过十步，楚国人再多也帮不上你什么，我想要你的命随时都可以，你威风什么呢？当年商汤只有七十多里的土地，照样称霸天下；周文王只有百余里的土地，照样能让天下信服。他们哪一个是凭借人多，仗势欺人的呢？堂堂楚国，方圆五千里，兵卒百万，条件足可以称霸了吧，没想到偏偏被秦国压制，败仗连连，就连国君也成了秦国人的俘虏，大王难道不觉得羞耻吗？六国抗秦，不只是为了赵国，更是为了楚国，您却游移不定，左右摇摆，这样不觉得窝囊吗？"毛遂的一番话，正好说中了楚王的痛处。

楚王无言以对，沉思了一会儿，点了点头。毛遂问："那么，合纵一事你同意吗？"楚王忙答："同意，同意。先生的一席话，真是让我醍醐灌顶啊！"毛遂立刻命令楚王的侍从："取鸡、狗、马的血来！"侍从将装血的铜盘端上，毛遂托起铜盘，双手呈给楚王，说："那就歃血为盟，大王先，主人次，毛遂跟。"说完，毛遂又招呼朝堂外的十九个人，说："先生们在堂下跟饮吧！你们这些不顶用的人，只能依靠别人才能成事，不是吗？"

这次毛遂顺利地促成楚国和赵国的联盟，立下了大功。平原君回国后，感慨地说："我自以为慧眼识珠，不会遗漏任何一个可用的人才，没想到毛先生跟随我三年，我都没能看到您的才

干。毛先生在楚国朝堂上，不只谈成了六国合纵的事，还为赵国赢得了尊严，您的三寸不烂之舌，胜过了百万雄师啊！从今以后我再也不敢自称是伯乐了。"平原君将毛遂作为上等门客，倍加优待。

知识链接

毛遂的结局

假如"毛遂自荐"的故事只停留在这个地方，无疑是非常美好的，然而遗憾的是，这个故事还有我们不愿意看到的另一半。

毛遂从楚国归来后不久，燕国趁赵国大战方停、元气大伤之际，派兵攻打赵国。赵王立即想到了刚刚立下奇功的毛遂，打算派他挂帅迎敌。毛遂得知此事后，急如星火地跑到赵王那里，请求赵王不要任命自己做统帅。毛遂说："不是我怕死，而是我德薄能低，不堪此重任。我能做马前卒，但绝对做不了指挥千军万马的统帅。"可是，不管毛遂如何推辞，赵王执意要任命他为统领。毛遂很是无奈，被迫接受任务。他虽然身先士卒、殚精竭虑，但他率领的军队还是被燕军打得落花流水，最终赵国惨败。

毛遂觉得自己没有脸面再见赵国的父老乡亲，于是避开众人，到山林里拔剑自刎，以此谢罪。

< 智慧点津 >

从"毛遂自荐"到"毛遂自刎",其间有太多的内涵需要我们去体会。其一,是金子总会发光,但过多的沙砾显然无益于金子光芒的展现,所谓"千里马常有,而伯乐不常有",纵是天才,也须适当地展示,才能被人发现。其二,要正确地认识自己,准确定位。毛遂的悲剧不是他个人造成的,他并没有什么政治野心,也不想获取高官厚禄,他有自知之明。毛遂之才,在于谋略,在于嘴皮子功夫,而不在于领军作战,赵王非要用其短处,岂能不败?

所以,适合自己的才是最好的,善于发现并利用自己的长处才能取得成功。人无完人,才无全才,那些在诸多领域都取得骄人成绩的毕竟是少数人。一旦入错行、用错了人,终会留下无可挽回的遗憾。

秦宣太后

——一个威猛不羁的奇女子

宣太后一生执政三十六年,她是秦惠文王之妻、秦昭王之母、秦始皇之高祖母,是中国历史上第一位太后,太后的称谓由她而始。她也是中国历史上首位临朝执政的太后,开创了女性执政的先河。在位期间,由于秦昭王年幼,她辅助昭王管理国家大事,周旋于群雄之中,游弋在列国之间,以一介女流之身纵横政坛,左右着整个战国的时局。在她的铁腕政权之下,秦国逐渐走向强大,最终使秦国从"战国七雄"中脱颖而出,为后来秦始皇扫灭六国打下牢固的基础。

楚女入秦,修成正果

宣太后来自楚国,娘家姓芈,芈姓乃楚国国姓,可想而知,她应该是楚王的姐妹之一。她嫁的是牛人秦惠文王(就是杀害商鞅的那位秦惠文王），一开始她的地位只是个号为"八子"的妾室。秦国后宫分为八级，分别是王后、夫人、美人、良人、八子、七子、长使、少使。一种说法是这位芈八子在秦惠文王在世的时候，地位并不高，也谈不上多么得宠。但是，更大的可能是芈八子确实还是比较得秦惠文王喜欢的（以她的性格，这种可能性更大），所以才惹得秦惠文王的嫡妻秦惠文后醋意大发，千方百计要收拾她。

秦惠文王死后，正妻惠文后的儿子继位为秦武王，他们俩一合计，将芈八子的宝贝儿子嬴稷送到燕国去当了人质。本以为芈八子和她的孩子们将会寂寂无闻或者死于非命，但命运往往令人始料不及。秦武王没事好和人比举重，举个鼎没扛起来反而被压得重伤不治而身亡，此时他还没来得及生出儿子来，于是诸弟争位，一片混乱。

俗话说运气来了挡也挡不住。芈八子的同母异父弟弟魏冉能干得很，惠文王还活着的时候他就在秦国做高官。武王暴毙后，魏冉几经活动居然把远在燕国的外甥公子稷弄回了秦国，继位为君，是为秦昭王。

后妃掌政，攻灭义渠

宣太后的儿子即了位，惠文后当然不高兴了，不久她就和秦武王的王后合谋，暗中要立公子壮为王。于是秦国就爆发了达三年之久的内乱。魏冉相继平定了王室内部争夺君位的动乱，诛杀

惠文后及公子壮、公子雍，肃清了与秦昭王不和的诸公子。然而当时的秦昭王年幼，于是作为生母的宣太后以太后之位主政，魏冉辅政。就这样，宣太后走上了执政之路。

宣太后可不是一个平庸之辈。太后称谓，始见于她。《史记·秦本纪》中记载：昭王母芈氏，号宣太后。王母于是始以为称。故范雎说秦王有独闻太后之语……是太后之号，自秦昭王始也。汉袭秦故号，皇帝故亦尊母曰皇太后也。

太后专权也是从她开始的。她以太后的身份统治秦国达三十六年之久，大大发展了国力，"东益地，弱诸侯，尝称帝于天下，天下皆西向稽首。"（《史记·穰侯列传》）

宣太后执政自有一套路数。公元前305年，楚怀王派兵包围韩国的雍氏（现在的河南禹州市东北），长达五个月不能攻克。韩襄王多次派使者向秦国求援，但秦国军队一直不出崤山，按兵不动。韩王又派尚靳出使秦国，尚靳以"唇亡齿寒"的道理劝说秦国尽快派兵救援。

宣太后因为自己的故乡是楚国，不同意派兵救援。她召见尚靳说："秦国要帮助韩国，如果兵力不足、粮草不济，就无法解救韩国。解救韩国危难，每天要耗费数以千计的财物，这对我们秦国有什么好处呢？"

宣太后这是在巧妙地说明了一个道理：你们韩国让我们秦国觉得不利，这叫我们怎么帮你们呢？

看吧，老公是牛人，儿子是牛人，这位后宫女性是史上最

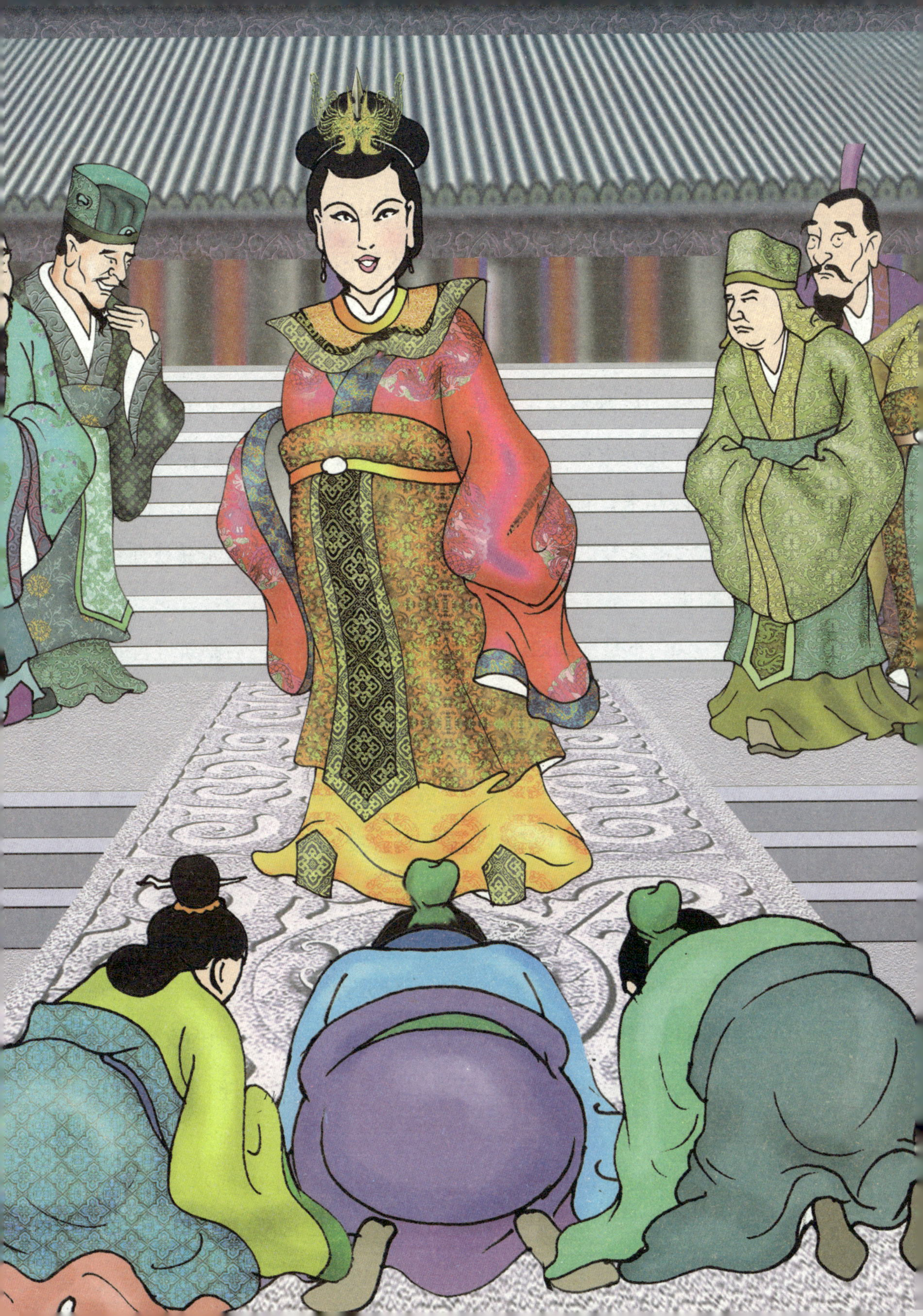

早被称为太后的女人,而且母后临政也是自她开始,那你说她自己牛不牛?她的两个弟弟是秦国肱股,魏冉封穰侯,芈戎为华阳君;她的另外两个儿子为泾阳君、高陵君。这四个人在秦国权倾朝野,称为"四贵",宣太后的权势在此时达到了顶点。

宣太后既然壮年守寡,现在又把持朝政,肯定不甘于独守空房。作为太后,她不可能正式下嫁于人,于是就有了很多情人。说起来,宣太后见于史籍的第一位情人来头不小,而且宣太后与之交好也是利国利民的一件大事,这个人就是赫赫有名的义渠王。

义渠本是秦国西边的游牧部落,源自羌戎,后来筑城自守,自成一国,是秦国向西扩张的主要障碍,两国争战不断。如果说商鞅变法使秦国国力强盛、军队悍勇,那么和义渠的长期军事对抗使得秦军如打磨过的尖刀一般更加锐不可当。义渠常常与东方诸国结盟,趁诸国伐秦时在秦国后方没少捣乱。

其实当初秦惠文王在世时,义渠是归附了秦国的。但是秦昭王继位后,年幼无知,前来朝贺的义渠王年轻力壮,性情桀骜不驯,对新秦王心生蔑视,分分钟都有可能反叛。所以在当时的政局背景下,宣太后以一国太后的身份主动向义渠王示好,竟把义渠王弄得五迷三道的,自然戾气大减,反叛的心思也就少了。

义渠所处的位置在秦国长城以外,乃是秦国举足轻重的

大后方。宣太后笼络义渠王达三十年之久，使得秦国能够毫无后顾之忧，腾出手来增强国势，在诸侯国间征战不休，屡有斩获。

三十年后，秦国已然成为诸侯国间的老大，国势大强，已经不用畏惧义渠的威胁了。于是宣太后选择了一个黄道吉日，将义渠王诱骗到秦国的甘泉宫去"度假"，然后就在温柔乡中突然发难，将义渠王杀掉，而且立刻派兵灭掉了义渠国，将甘肃、宁夏一带的土地全部收入囊中。从此，秦国不再有西部边陲的后顾之忧，进而为宣太后的玄孙嬴政放手一搏、成为秦始皇奠定了重要基础。

知识链接

宣太后大义灭亲

据太史公司马迁说，宣太后在与义渠王来往的三十余年中还为义渠王生下了两个儿子，这两个孩子后来如何却不见下文。若是被以宣太后为首的秦国统治者杀死了的话，一定会见于史籍，以此进一步证明"秦乃虎狼之国"。而竟不见记载，可能这两个孩子早在父母来往的三十年间就已经夭折了，鉴于当时的医疗条件，这个可能性很大。儿子死了，当然也是进一步促使宣太后对义渠王痛下杀手的原因之一。

还政于王，完美谢幕

宣太后垂帘听政，秦昭王有什么事都要同她商量，一些国家大事也由她和魏冉做决定，这让秦昭王做事非常别扭，不能一展宏图，让他很是气恼。不过随着秦昭王渐渐长大，宣太后也管不了太多，但是魏冉将大权握在手中，令昭王十分忌惮。

要说秦昭王这个儿子也真是孝顺，老妈干政了三十几年，直到灭了义渠之后，他才以雷霆手段驱逐"四贵"，把权力从妈妈、舅舅、弟弟手中收回来。至于妈妈跟义渠王那档子事，他也只是和老妈密谋怎么消灭义渠，旁的话一句也不敢说。

宣太后既然不能参政议政了，反正闲着也是闲着，于是又弄了个宠臣魏丑夫打发时间。

魏丑夫其实并不丑。他的名字就叫魏丑夫，说自己丑是一种谦虚之词，不然宣太后作为一国之母也不能看上他啊。

这个魏丑夫深得宣太后宠爱，甚至老太后快死的时候都寻思着要让他殉葬陪着自己。魏丑夫听闻后早吓得魂飞魄散，着急忙慌地找人帮自己去劝说太后收回成命。

于是有个叫庸芮的人就跟太后说，太后您美艳无双、聪明绝顶，臣有一事不明，还望太后赐教。跟女人说话嘛，你夸她美、夸她聪明准没错。太后一笑，说啥事儿啊，我来指导指导你。

庸芮就问："您说人死了以后还有感觉吗？"老太后一寻

思，应该没有吧。

庸芮又问："那人要是死了并没有感觉，您让那个魏丑夫跟着您殉葬，您也感觉不到，那不是可惜了吗？况且您这么爱他，怎么舍得让他死呢？"

老太后默默无语，正在进行激烈的思想斗争。庸芮趁热打铁，说道："太后，您要是觉得人死了以后还能有感觉，那先王戴绿帽子在地下积怒已经很久了，应该会先找您叙谈叙谈。您到时候自顾不暇，哪还有闲心管魏丑夫呢？"

老太后被这话吓得一激灵，答道："你说得对，这事儿就这么算了吧。"就这样，她才放弃了让魏丑夫给自己殉葬的念头。

公元前265年，也就是丈夫秦惠文王死后四十六年，宣太后去世。这位富有传奇色彩的女性，走完了她精彩的一生。

<智慧点津>

　　宣太后强权也好，狠毒也罢，她所做的大多是为了保障她儿子的安全。诚然，她并非是个良家妇女，但是换个角度，父母关心孩子，小时候关注其学业，成人时关注其婚姻，成家时关注其家庭，岂不是也想事事都掌握在自己手中吗？如果说这也算霸权的话，天下的父母无一为善也。所谓天下父母心，宣太后的种种行为，虽说诟病较多，但从另一方面来看，她是一个合格的母亲，她的行为使得在新旧政权移交过渡时有惊无险，这在中国历史上是十分罕见的，也是她与武则天最大的区别所在。

巧谏威后

——一场关于爱子方式问题的纷争

公元前266年,赵惠文王去世,其年幼的儿子丹登上王位,即赵孝成王。赵孝成王少不更事,朝政基本由其母威后代理。秦国趁赵国旧主辞世、新君尚幼之际,出兵伐赵,一连打下赵国三座城池。赵国处境堪忧,当时最好的办法就是联合齐国对付秦国。然而齐襄王当时已经病重,国事都是由君王后处理。君王后十分谨慎,不想过多卷入其他国家的纠纷,就故意提出苛刻的条件,说除非把赵威后的爱子长安君送到齐国做人质,否则齐国绝不发兵救赵。赵威后坚决不答应,群臣极力劝谏也没有用。最后,左师触龙以高超的劝谏艺术说得赵威后回心转意,赵国终得救。

唠家常引起共鸣

赵惠文王刚刚逝世,国内秩序还没有安定下来时,秦昭王

趁火打劫，兴兵伐赵。赵国以一国之力难以抵御秦国，于是就向齐国请求救援。齐国不愿意卷入这场纠纷与秦国为敌，就提出苛刻的条件为难赵国，要求把赵威后的小儿子长安君送到齐国做人质，然后才出兵。

赵威后无论如何也不同意把自己的爱子送去做人质。大臣们觉得情况紧急，于是纷纷劝说赵威后同意这一条件，赵威后被群臣说恼了，下令不准再提让长安君去做人质的事，然后拂袖而去。

过了一会儿，下人来报左师触龙求见。赵威后满脸愠色生气地说："让他进来。"触龙脚步缓慢地走了进来，行过礼后抱歉地说："臣年老体衰，腿脚不便，走路很慢，因此这段时间一直没来向太后请安。但老臣很挂念太后，不知太后是否安康，今天特地来看望太后。"

赵威后出于礼貌，回答说："我这腿脚也快不行了，每天都是坐车出行。"触龙又问："那么，太后饭量还行吧？"赵威后说："每天只喝点粥。"触龙说："老臣也是经常什么东西都不想吃，就强迫自己每天散散步，走上三四里，这样才稍微有点食欲，身体也舒畅一些。"赵威后说："这一点你行，我却没办法做到。"说到这里，赵威后的怒气消了一些，触龙用拉家常的方式缓解了气氛。

然后，触龙接着说："老臣最小的儿子叫舒祺，顽劣不堪，但老臣十分疼爱他，斗胆请求太后，不知能否让他将来当个宫廷侍卫？"赵威后心想，原来他是为了这个，答道："可以啊。不知道他现在多大了？"触龙回答说："十五岁了，年纪还不大，但臣已经老了，所以想趁现在还活着，给他谋个出路。"

触龙对小儿子的爱怜，引起了赵威后的共鸣。她说："我以为只有母亲会怜爱小儿子，难道父亲也这样？"触龙回答说："比母亲有过之而无不及呢！"赵威后笑了，说："做母亲的可是特别怜爱小儿子呢。"

说质子巧谏威后

挑起了这个话题，触龙决定乘势往正题上引。他说："但老臣觉得，比起长安君来，太后更怜爱女儿燕后。"赵威后说："不，我更疼爱长安君。"

触龙说："父母爱自己的孩子，就会为他们做好长远的打算。您送别燕后的时候，为她远嫁异国而伤心痛哭。她嫁到燕国去以后，您虽然十分挂念她，但每次祭神时，您都祷告说别让她回来。您这样做不正是为她做长远打算，希望她的子孙可以在燕国世代为王吗？"赵威后说："您说得很对。"

触龙话锋一转说："您看，我们赵国立国之初，那些被封侯的王室成员的后代，现在还有位居王侯的吗？"赵威后仔细想了一下，说："没有。"触龙说："不仅是赵国，其他的诸侯国，那些早期王室的后代还有人是王侯吗？"赵威后说："我确实没有听说。"

然后，触龙大发感慨地说："如果不做长远打算，轻则祸及

自己，重则殃及子孙。难道说国君的后代生来就比别人差吗？当然不是。这是因为他们身居尊位却没有什么能够服众的功劳，享受丰厚的俸禄却无所作为。如今太后您给长安君尊贵的地位，封他富饶的土地，还赐给他无数奇珍异宝，却唯独不给他机会让他为国家建功立业。一旦您百年之后，长安君凭什么在赵国立足呢？所以老臣觉得您并没有为长安君做长远打算，还是为燕后考虑得更远，可见您更疼爱燕后。"

赵威后听到这里，顿时醒悟，同意让长安君到齐国去做人质。后来，触龙派人为长安君准备了一百辆车，把长安君送到齐国去了。齐国履行诺言，出兵相助，两国联合，击退了秦军。

知识链接

赵威后

赵威后（约公元前305年—公元前265年）是赵惠文王的王后，赵孝成王的母后，又称赵惠文后、孝威太后、威通君，并不是谥号，孝威太后意思是说赵威后为赵孝成王之君太后。

史书上关于赵威后，还有一段精彩的记载。有一次齐国派遣使者问候赵威后，还没有打开书信，赵威后就问使者："今年收成还可以吧？百姓安乐吗？你们大王无恙吧？"使者有点不高兴，说："臣奉大王之命向太后问好，您不先问我们大王状况却打听年成、百姓的状况，这有点先卑后尊吧？"赵威后

回答说:"话不能这样说。如果没有年成,百姓凭什么繁衍生息?如果没有百姓,大王又怎能南面称尊?岂有舍本问末的道理?"可见她对国家政治的清明有着最为朴素的理解。

＜智慧点津＞

与人沟通是做人必备的能力,沟通的艺术是为人处世的必修课。沟通要冷静理智,循循善诱,力避锋芒;还要通情达理,以情动人,避免咬定死理不放。无论与什么人沟通,都要站在对方的立场上分析要害。赵太后在长安君质齐的问题上怕小儿子吃亏,想要小儿子幸福,而触龙以为长安君的长远利益打算为着眼点,找到了解决问题的良药,疏通了赵太后的心结。触龙没有像其他大臣那样逆着赵威后的心意强行直谏,而是随机应变,循循善诱。他采取迂回战术,不直接道出目的,而是先缓和气氛,再一步一步往正题上引导。更重要的是,他非常顾及赵威后怜爱儿子的心情,使赵威后明白让长安君做人质也是爱他的一种做法,这样,终于说得赵威后心服口服。

屈原投江

——一代忠臣终作古，千古流芳端午节

屈原生活的时期，正是中国即将实现大一统的前夕，"横则秦帝，纵则楚王"。屈原因出身贵族，又明于治乱，娴于辞令，故而早年深受楚怀王的宠信，位为左徒，朝廷的一切政策、文告皆出于其手。屈原为实现振兴楚国的大业，对内积极辅佐怀王变法图强，对外坚决主张联齐抗秦，使楚国一度出现了国富兵强、威震诸侯的局面。但是在内政外交上屈原与楚国腐朽贵族集团发生了尖锐的矛盾，由于上官大夫等人的嫉妒，屈原后来遭到群小的诬陷和楚怀王的疏远，楚国的命运也因此而改写。

遇小人谗而见疏

屈原姓屈名平，原是他的字。他出身贵族，从小就受到良好的教育，口才非常棒，也擅长作诗，年纪轻轻就当上了楚国的左徒。

战国时代，秦国、楚国、齐国、燕国、韩国、赵国、魏国七国争夺城池、互相杀伐，连年征战不断。屈原见百姓受到战争灾难十分痛心，他立志报国为民，劝楚怀王任用贤能、爱护百姓，很受怀王的信赖。

那时西边的秦国最强大，侵略扩张的势头很足，经常攻击六国。因此，屈原亲自到各国去联络合作，谋划共同对付秦国。楚怀王十一年的时候，屈原的外交成功了，楚国、齐国、燕国、赵国、韩国、魏国的六位君主齐集在楚国的都城郢都，结成政治军事同盟，怀王成为联盟的首领。六国联盟有效地制止了强秦的扩张，屈原因为外交上的贡献，更加得到怀王的重用。

另外，屈原看到其他国家都在变法改革，便也想拟定新的法令，让国家富强起来。不过他的做法引来楚国旧贵族势力的极度不满，再加上他的才华被人嫉妒，这些贵族总是与他作对。

有一次，楚怀王让屈原拟定一份很重要的法令，为了保密，屈原就在自己家中起草。一天，上官大夫靳尚来到屈原家中，看到法令的草稿便想拿过来看看，谁料屈原一把抢过去，冷冷地说道："这个是法令的草稿，在法令还没有正式颁布之前，谁也不能看！"靳尚很不高兴，你这什么态度，看看都不行吗！他二话没说转身就走了。

靳尚回到家中，心里越想越不是滋味，屈原制定的法令本就十分苛刻，现在态度还这么强硬，真是忍无可忍。于是，他就来到楚怀王面前，说道："大王啊，您起用屈原修订法令，他却骄傲得不可一世了！"楚怀王忙问："他对你说什么了？"靳尚看到怀王差不多相信了自己的话，就继续说："他每当修订完法令，就到处对别人说，大王您没有他不行，这事除了他没人做得来，好像就他有才华似的。"怀王听完后低头不语。靳尚暗自一笑，又说道："他还说大王昏庸，臣子们都贪婪自私，愚蠢无能，朝廷要是没有他，早就完了！"楚怀王是个容易被迷惑的人，他听靳尚这么一说，皱了皱眉头，对屈原很是不满。

除了靳尚，还有以公子子兰为首的一拨贵族，也常在怀王面前说屈原的坏话，挑拨的人多了，怀王对屈原也就渐渐地疏远了。

遭诬陷流放汉北

屈原倒不计较个人得失，他怕怀王重用那些奸佞小人，使楚国衰败，于是一有机会就向怀王进谏。怀王听信靳尚的话在前，所以对屈原所说的那些忠言都不太相信，时间一长，反而更加讨厌他了，于是就让他担任三闾大夫。这个是管理楚国贵族的官，在政事上没有太多的发言权，实际上等于是降了屈原的官职。

秦国在楚国的间谍把这一情况报告给秦王，秦王早就想进攻齐国，只是碍于六国联盟，才不敢动手。秦王听说这一消息后，急忙把相国张仪召进宫来商量。张仪认为，在六国中间，齐国和楚国的实力最强，只要离间这两个国家，联盟也就散了，他愿意趁着楚国内部不和的机会，亲自去拆散六国联盟。秦王非常高兴，准备了大量的金银财宝，交给张仪带往楚国。张仪将相印交还给秦王，假装辞去秦国的相位，然后向楚国进发。

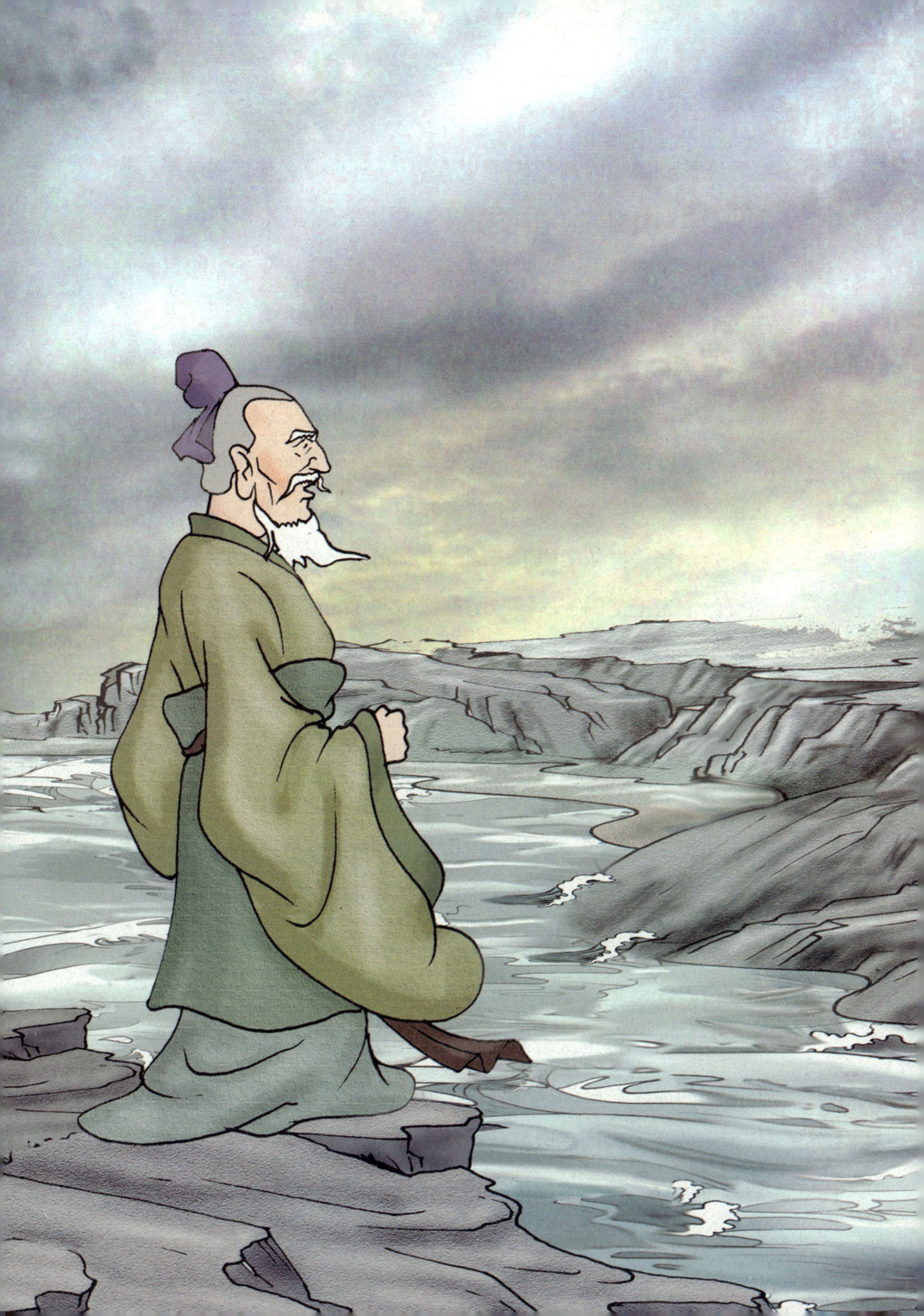

张仪到了楚国首都郢都，先拜访了屈原，向他说起秦国的强大和秦楚联合对双方的好处，但是屈原坚决地说："楚国不能改变六国联盟的主张。"张仪看到屈原的态度十分强硬，不好从他那里下手，所以就去找屈原的对头——楚国公子子兰。

张仪对子兰说："正是因为有了六国联盟，怀王才信任屈原，如果把联盟拆散，屈原也就没什么可怕的了。"子兰听了，觉得这下可以扳倒屈原了，心里十分欣喜。于是，楚国的贵族和张仪就站在了同一阵营。子兰又领着张仪拜见了怀王最宠爱的王后郑袖，张仪把从秦国带来的一双价值万金的白璧献给了她。那白璧的宝光把楚国王后的眼睛都快照花了，郑袖欣然地表示，愿意帮助他们促成秦楚联盟。

张仪稍做布置后，就托子兰带他见怀王。张仪劝楚怀王绝齐联秦，列举了秦楚联盟的种种好处，最后说道："只要大王愿意，秦王已经准备了六百里土地献给楚国。"怀王是个贪心的人，听说不费一兵一卒就能白得六百里土地，笑得合不拢嘴。回到宫中，怀王就迫不及待地把这件事告诉了郑袖。郑袖先向他道喜，可又皱起眉头说道："听说屈原向张仪要一双白璧未成，怕是要反对这事呢！"怀王听了半信半疑。

第二天，怀王摆下酒席，隆重地招待张仪。席间讨论起秦楚联盟，屈原果然坚决反对，与子兰、靳尚进行了激烈争论。屈原认为，放弃了六国联盟，就会给秦国以可乘之机，这可是关系到楚国生死存亡的大事！他痛斥了张仪、子兰、靳尚三人，走到怀王面前大声说:"大王,您千万不能相信秦国的片面之词啊!秦国不守信用,您不是不知道,张仪是秦国派来拆散联盟、孤立楚国的,万万信不得!"怀王这时想起郑袖所说的话,果然屈原竭力反对秦楚和好,不禁发怒道:"难道楚国的六百里土地抵不上你的一双白璧!"说完,便叫武士把他强拉出宫门。

屈原痛心极了,站在宫门外面不忍心离开,盼望着怀王能醒悟过来,改变主意。他从中午一直站到晚上,直到看见张仪、子兰、靳尚等人欢欢喜喜、高高兴兴走出宫门,才绝望了。他叹着气喃喃地说:"楚国啊,你又要受难了……"

屈原回到家中闷闷不乐,想到自己亲手结成的六国联盟就这样被破坏,楚国将要保不住眼前的兴旺,不禁顿足长叹。屈原的姐姐女嬃知道他被小人陷害,就劝他不要再发议论了。屈原说:"我是楚国人,死也不能看到楚国遇到危险啊!"他还认为怀王会醒悟,一定会分清是非,只要怀王回心转意,楚国一定会有挽救的办法。但是怀王不再召见他,他越来越忧愁,常常整夜睡不着觉,于是他写了一篇名叫《离骚》的长诗,把对楚国的忧愁和自己的怨愤都写了进去。

这篇诗歌传到了宫中,又成了子兰、靳尚等人攻击屈原的材料,说屈原把怀王比作桀纣。怀王一怒之下,就撤掉了屈原的一切官职。郢都的空气快把屈原逼疯了,女嬃日夜劝他换个地方去休养一阵,最终他决定搬出了郢都,准备住到汉北去。他走一阵,又回头望一阵,心里挂念着国事,每到一处就歇几天,打听一下郢都的消息。

楚怀王被骗陷秦

屈原最不希望看到的事情终究还是发生了，贪心的楚怀王在张仪、子兰等人的鼓动之下就与齐国断了邦交，拆散了联盟，接着又派人跟随张仪到秦国去接收六百里地。

快到秦国都城咸阳的时候，张仪装作喝醉了酒，在下车时跌了一跤，说自己跌伤了腿，就辞别了楚国的使者先进城去了。楚使住在客馆里，天天去见张仪，张仪总是推辞说自己腿伤未愈不能接见，这样一直拖了三个月，张仪在等到六国联盟确实已经瓦解的消息后，才出来接见楚使。

当楚国的使者提到交割土地的时候，张仪赖得一干二净。他说："我说献给楚王的，是自己的六里封地，我给它起名六百里。秦国的土地怎么能够献给别人呢？"楚使有口难辩，只得空手回来报告楚王。这一来可把怀王气昏了，咽不下这口恶气。他仗着这几年养精蓄锐，兵粮充足，就派了大将率领十万大军，进攻秦国。

秦王立刻改变了攻打齐国的计划，索性联合齐国分两路迎击楚军。楚军挡不住两国的夹攻，连打了几个败战，秦兵占领了楚国的汉中地区。消息传到汉北，可把屈原急坏了，他彻夜辗转不眠，最后决定赶回郢都，设法抵抗秦国。

在半路上，屈原就接到了楚怀王的命令，让他出使齐国，恢复与齐国的联盟。屈原松了一口气，心想："大王终于回心转意了！"于是就立刻奔赴齐国。怀王违背联盟在前，齐国还在气

头上呢，但是屈原是齐王十分敬重的人，经过一番谈判，齐王就答应撤回帮助秦国攻打楚国的军队。屈原还没返国，就得到了秦楚议和的消息，他怕怀王再受到欺骗，连忙辞了齐王，赶回楚国去。当屈原到了云梦这个地方的时候，看到百姓正在悼念阵亡的将士，十分感动，于是停下车进去参拜。

子兰和靳尚听说屈原要回来了，赶紧把这事报告给了王后郑袖。他们都害怕屈原再回郢都，如果让屈原留在怀王面前，日子长了总是大患。这天夜里，郑袖假装向楚怀王哭诉道："屈原在云梦对当地的百姓说，那些阵亡的士兵都是因为我向大王进言而冤死的，他这次回来，就是要为他们伸冤报仇的。"楚怀王听了大怒："他敢这样，简直是疯了！"郑袖暗自一笑，趁机又说道："要不是疯了怎么可能说出这样放肆的话？我怕见到他，他要是在郢都，就让我到江南去吧！"

结果，第二天怀王就下了一道命令，还是任屈原为三闾大夫，而且不必进宫，立刻去赴任。屈原接到消息，仰天长叹："大王，您不能再糊涂了，楚国的江山可全在您身上啊！"但是没有办法，屈原只好准备上任。

屈原走了之后，楚国满朝的文武大臣都投入郑袖、子兰一党，齐楚之间的联盟不久又散了。楚国接二连三地受到来自秦国的进攻，国势一天不如一天。正在怀王十分郁闷的时候，突然接到了秦王的来信，请他到秦国的武关商谈秦楚两国永世友好的办法。怀王左思右想拿不定主意：要是不去，恐怕秦军还会继续进

攻；要是去吧，又担心秦国居心叵测。

子兰首先劝怀王："秦王愿意和好，这机会可失不得。"靳尚也附和着说："走这一趟，至少能换回好几年的太平日子呢！"怀王回到后宫，又听到郑袖劝行的话，这才打定主意，同意去与秦王当面会谈。

怀王临行的那天，突见有一人骑着马飞奔而来，到跟前时慌张地跳下马来，伏在车前大声痛哭。怀王定睛一看，原来是屈原。屈原听说了怀王要去武关的消息，连夜飞马而来，只听他悲伤地说道："大王啊，去秦国就像是进了虎口，您可千万不要以身涉险啊！"本来怀王也觉得这和谈之事蹊跷得很，自己也不想冒险，听屈原这么一说又开始犹豫不决了。

这时，靳尚站出来恶狠狠地对屈原说："今天是大王出门的好日子，你说这丧气的话是什么意思？难道你希望大王遇到什么不测吗？"说完，就大喝让屈原赶紧离开。屈原抓住怀王的车辕不肯放手，靳尚让人把他推倒在地，扬鞭催马，簇拥着怀王走了。屈原爬起来一边追一边叫，但靳尚生怕怀王改变主意，加快马车速度，那车飞一般地不见了踪影。

秦王早已派人在会盟地点设下埋伏，还找来一名武将装作自己的样子。楚怀王来到之后见到的不是秦王本人，暗自埋怨，但他还没有发觉自己已身处险境。当秦国说要楚国先割地再结盟的时候，怀王力争要先结盟。在遭到拒绝后怀王愤怒地说道："你们欺诈我，又想强行得到楚国的土地，我是不会善罢甘休

的！""人在屋檐下，不得不低头"，可惜怀王没有意识到这一点。秦国见谈判已破裂，索性就将怀王囚禁起来了，随行的几百人中最后只有靳尚一人一马逃回了郢都。

噩耗传遍了楚国，全国上下乱作一团。为了安定人心，郑袖立太子熊横为楚王，这就是楚顷襄王。郑袖掌握着国政，任命子兰为管理全国军政的令尹。屈原拼死赶回郢都，希望顷襄王恢复六国联盟，用强大的实力向秦国讨回怀王。子兰等人因为怂恿怀王去秦国，他们担心怀王回来问罪，又害怕得罪秦国，所以不但不听从屈原的主张，还叫屈原赶紧离开郢都。

知识链接

楚怀王的结局

楚怀王被送到秦都咸阳后，秦王大会群臣，接见了怀王，要让他当面立下割让黔中地区的文书。怀王愤怒至极，一口拒绝了秦王的无理要求，秦国就把怀王扣押起来。关了一年多之后，看守渐渐松懈了，怀王就在一天夜里把看守的人灌醉，然后换了服装逃出了咸阳。走了几天，到了赵国地界，怀王表明了自己的身份，请求援助，但赵国人恨他屡次破坏联盟，不许他入城。怀王懊悔不已，想往南走投奔魏国，结果在半路上被秦兵追到。怀王重新被押回咸阳，气得吐了血，一年后抱病身亡。

屈原投江

含悲愤忠臣殉国

屈原的心被彻底击碎了，他又请求顷襄王趁着各国都在怨恨秦国的机会，设法联络，一同对付秦国，可是顷襄王完全不理他。屈原日夜在宫门前放声大哭，希望能打动顷襄王。

这下可把子兰惹火了，他对屈原斥骂道："你不听命令是看不起大王吗？你再不走，就叫人押着你走！"屈原厉声大骂："是你让大王到秦国去的，你配做楚国的令尹吗？你是秦国的奸细啊！把国家搞成这个样子，楚国的百姓恨不得吃了你的肉哩！"子兰听了慌忙报告给郑袖。郑袖大怒，说道："这是个疯子，还让他做什么官，叫他死得远远的，永远不准回来！"

屈原被流放到陵阳，日夜心烦意乱，他觉得楚国的前途一片黑暗，气氛很压抑，于是他决定出国走一遭儿。走了几天，到了楚国的边境，屈原又踌躇起来。他的马悲哀地嘶叫着，马夫也回头望着楚国叹气。屈原不禁激动地说："对！我们是楚国的人、楚国的马，就算死也要死在楚国的土地上！"

屈原回到陵阳又住了十几年，他觉得自己再也没有希望回到郢都了。楚国的局面也越来越坏，每次传来的消息都会让屈原坐立不安，爱国的火焰在他心里燃烧，可自己又无能为力，只能每天在山边湖旁踱步。

屈原越来越老了，但是复兴楚国的愿望一天也没有中断过。顷襄王二十一年，一个晴天霹雳让屈原彻底崩溃了——秦国将军

白起进攻楚国，占领了郢都，楚国的宗庙和陵墓都被毁了。楚国要亡了！屈原心中悲愤交加，难以言状。

屈原头也不梳、脸也不洗，昏昏沉沉地走了几天，农历五月初五他来到汨罗江边。在清澈的江水里，屈原看见了自己满头的白发，心里像波浪一样翻腾起来。他怀念郢都，怀念楚国的百姓，憎恨敌人，憎恶奸邪，他决定用自己的生命去警告那些卖国的小人，激发全国百姓的爱国热情。

这里的土地还没有被秦军践踏过，是干净的。屈原解下衣服，包着江边的石头，用衣带紧紧地绑在自己的身上，没有丝毫的犹豫，奋力向江心一跃。就这样，一代忠臣带着满心的遗憾与愤恨沉入江底。

知识链接

端午节的由来

传说屈原投江后，楚国的百姓哀痛异常，纷纷涌到汨罗江边去凭吊他。渔夫们撑起船只，在江上来回打捞他的尸身，有的渔夫还拿出事先准备的粽子、鸡蛋等食物扔进江中，说是让鱼吃了就不会咬屈大夫的身体了；有的医师拿雄黄酒倒进江里，说是能药晕蛟龙，使它不能伤害屈大夫。从此以后，每年到了农历五月初五那一天，人们都要划龙舟、吃粽子、喝雄黄酒来纪念屈原，这就是我们今天端午节的来历。

<智慧点津>

屈原不仅是我国古代著名的政治家,也是大名鼎鼎的文学家。他是我国文学史上第一个留下姓名的爱国主义诗人,他的代表作《离骚》开浪漫主义文学之先河。在诗歌中,屈原痛斥卖国小人,忧国忧民,对楚国的一草一木都寄托了无限深情。屈原曾在诗歌中说"举世皆浊我独清,众人皆醉我独醒",就是他真实经历的生动写照。

屈原是矛盾的,一个体制内的文人,既不愿丧失了人的尊严又不得不低下高贵的头颅,其结局往往十分悲惨,屈原的命运结局也就成了千古忠臣的象征。屈原不畏权贵,敢于怒斥靳尚、子兰一类的奸佞小人,却愚忠于昏庸无道的君主,直到被逼上绝路时他还在哀叹,把楚怀王比作伯乐,把自己比作一匹良马,希望君王回心转意,听取自己强国强兵的意见。屈原有铮铮铁骨,他的这种骨气,成为中国文人的一个精神源头,他的"忠"的思想也成了这铁骨的一部分。

奇货可居

——吕不韦最成功的投资

吕不韦，商人出身，因辅佐秦王政（秦始皇）登基有功，而被尊称为仲父，任秦国相国，一时权倾朝野，府中食客三千。为了留名，吕不韦编著《吕氏春秋》，开创杂家体例，后因嫪毐一案被免去相职，遣回封地，被迫自杀。吕不韦的一生体现了其作为商人的精明，所做的每一件事都是利益驱动使然。正因此，一旦利益受到损害，他必然会奋起反击，最终招来杀身之祸。

遇异人奇货可居

公元前258年，吕不韦还是卫国的一个普通商人，但显然是商人中最为成功的一个。他往来各地，将当地生产的商品以极低的价格买入，再将买入的商品带到其他地方后，以高价卖出。久而久之，吕不韦便积下了千金家产。当然，这些远没有满足吕不

韦内心的渴望，于是他开始到处游说，梦想着有一天能走上政治舞台。

有一天，吕不韦正在赵国都城邯郸的街头走着，突然对面走来一人引起了他的注意。只见那人面如傅粉、唇若涂朱，虽然衣冠很普通，但丝毫不失贵人之气。吕不韦不禁暗自称奇，待那人走过去后，他就问近旁的一个小贩，刚才走过去的那位是什么来头。

原来，那个人就是秦昭王之子安国君的儿子，名叫异人。安国君有二十多个儿子，但都不是正房华阳夫人所生。异人的生母是最不得宠的夏姬，所以他就成了战争的牺牲品，被秦国作为人质送到了赵国。异人来到邯郸之后，因为秦国不断进攻，赵王迁怒于他，就把他拘留在丛台之上，由大夫公孙乾监守，过着出无车、食无酒的枯燥乏味的生活，终日郁郁寡欢。

听罢小贩的介绍，吕不韦凝思片刻后爽朗地大笑说："哈哈，他真是一件宝贝啊！这奇货可先囤积起来，然后可以做一大笔买卖！"吕不韦回到家，问他的父亲：

"种地能获多少利？"

"十倍。"

"贩运珠宝呢？"

"百倍。"

吕不韦接着问："如果把一个失意之人扶植为国君，掌管天下钱财，会获利多少呢？"他的父亲吃惊地摇摇头说："那可没办法计算了。"吕不韦听到之后，按捺不住内心的激动，决定要

做这笔大生意。

吕不韦先以重金结交监守异人的公孙乾，然后又结识异人。一次，吕不韦与公孙乾、异人一起喝酒，喝到半醉，趁公孙乾去厕所的机会，他问异人："秦王已经老了，太子安国君所宠爱的华阳夫人没有儿子，你兄弟二十多人，至今没有一个得宠，你何不趁这机会回到秦国，找华阳夫人，求做她的儿子。这样，你以后才有立储的希望啊！"异人含泪回答道："我何尝不希望如此呢？可惜现在身在他国，没有脱身之计呀！"吕不韦说："这好办，我可以设法帮助你回国。"异人感激地说："如能救我回国，日后倘能得到荣华富贵，你我共享！"

巧安排公子归秦

吕不韦见自己的意见被异人接受，马上就拿出五百金送给异人，作为异人日常的开销，而他自己则花钱买了很多古玩到秦国去了。华阳夫人这么尊贵，不是谁想见就能见的，吕不韦知道要想当面见到她还需要费一些功夫。

不久，吕不韦便打听到华阳夫人有个姐姐也住在咸阳城中，于是他设法先见到了华阳夫人的姐姐。见面之后，吕不韦先是用来时所带的珍贵古玩博取了对方的好感，接着他便把异人如何贤德、如何思念故国、又如何想认华阳夫人为生母，以及以后打算如何孝顺华阳夫人等，详尽地说了一通。吕不韦的这番话，把华阳夫人的姐姐深深打动了。

一日之后，华阳夫人的姐姐去见华阳夫人，她劝说道："我听说用美色来侍奉别人的，一旦色衰宠爱也会随之减少。现在夫人您侍奉太子，甚至被宠爱，可惜没有儿子，等您容貌衰竭、失去宠爱，到时候想再和太子说上一句话还有可能吗？所以应趁早在太子的儿子中结交一个有才能而又孝顺的人，立他为继承人，像亲生儿子一样对待他，那么自己立的儿子将来为王，您最终也不会失势。现在我听说异人贤能，他也知道排行居中，按次序是不能被立为继承人的，而且他的生母又不受宠爱，所以他自己就主动依附于夫人。夫人若真能在此时提拔他为继承人，那您一生在秦国都要受到尊宠了。"

华阳夫人闻听此言大喜，她迫不及待地进宫去见安国君，开始跟他大倒苦水："我有幸能填充后宫，但非常遗憾的是没有儿子，我希望能立我的孩子为继承人，以便日后有个依靠。"安国君一听愣住了："你没有儿子，我该立谁好啊？"

华阳夫人连忙对安国君说："我知道身在赵国的异人就是一个非常有才能的人，来往的人都非常赞赏他。而且他也是皇室的后人，就算立他为继承人也不为过啊。"华阳夫人一边哭一边说，心软的安国君没能抵挡住华阳夫人的攻势，便答应下来。

吕不韦又花费了很多的钱财和精力为异人回国铺路，眼看着异人归国的日子就要来到了。可就在这时候，吕不韦却迟疑起来。他想："异人回国，日后继位为王，对自己来说，最多不过是从一位秦王身上得利。如何才能长久呢？"吕不韦想得很远，也想得很苦，他大动脑筋，思谋不停，很快他便想到了自己的赵姬。赵姬是一位身姿艳丽、能歌善舞的美女，吕不韦很喜欢她，事实上，他俩早就暗中同居，而且赵姬当时已怀有身孕。

吕不韦想："应该把赵姬送给异人，日后生下我的骨肉，长大继位，到那时秦国便是我吕氏的天下，我吕不韦做的这个生意，其利可就无穷了。"

于是吕不韦不惜血本地设下豪华宴会，在宴会上，他又让赵姬出面勾引异人，最终让异人与赵姬结成了夫妻，达到了他的目的。异人得到了赵姬，如鱼得水爱恋非常，过了月余，赵姬便对异人言明自己已有身孕，异人不知其来历，以为是自己的骨肉，愈加欢喜。几个月之后，赵姬生下一个男孩，取名叫"政"，这就是日后兼并六国的秦始皇。

知识链接

嬴政身世之谜

嬴政诞生给历史留下了千古之谜。一些记载说，秦始皇的生母赵姬嫁给异人之前就已怀有吕不韦的孩子，这是精心设计好的。另有记载说赵姬是大期而生子政，大期超过12个月，所以不可能是吕不韦的儿子。说秦始皇是吕不韦的私生子，乃当时和后世恨秦始皇的人攻击、侮辱之词。可是仔细考察吕不韦和秦始皇的一生，以及后世的相关资料，证明

> 嬴政和吕不韦关系非同一般的记载不止一二处。另外，就算赵姬大期而生下嬴政，也不排除吕不韦与秦始皇有血缘的可能。吕不韦与赵姬私通，没有因为赵姬与异人结婚而中断，这种关系一直延续到嬴政继承王位之后。

一字千金的由来

公元前251年，秦昭王去世，苦等王位的安国君继位。昭王去世，吕不韦极为高兴，因为他所追求的目标又近了一步。另一个欢欣鼓舞的是异人，他因父亲安国君的登基而成为太子，离王位只有一步之遥了。可惜这位等待多年的安国君，由于在宫中长期沉醉于声色而身体空虚，无力应付繁杂的政务，坐上王位三天就猝然死去，成为中国历史上执政时间最短的君主之一。

异人当上秦王，这就是我们所说的秦庄襄王，没过几年，这位短命的君主也去世了，继位的就是赵姬生下的男孩嬴政。嬴政刚登基时还只是个孩子，没有多大的权势，对一些重大事情也不能做出正确的判断，这时吕不韦就帮他处理朝中的事务，嬴政尊称吕不韦为仲父，这对于一个权臣来说是无上的光荣。

吕不韦得到了大利后，还想得到大名。当时，魏国有信陵君、楚国有春申君、赵国有平原君、齐国有孟尝君，这四位公子都喜欢招贤纳士，声名远播。为了也能享有同样的美名，吕不韦效仿四位公子广招宾客，他对宾客的待遇甚至比四公子还要好，所以在很短的时间里便拥有了三千多名能人智士。随后，吕不韦

又效法诸子百家，著书立说，命门客人人都记下各自的所见所闻，洋洋二十万言，这就是流传后世的《吕氏春秋》一书。

为了显示作品的质量，吕不韦又想出一招。一天清晨，咸阳城较往日热闹许多，人们纷纷赶往市区并且七嘴八舌议论起来。原来，在咸阳的市门上挂着《吕氏春秋》的书稿，同时告示上宣布：如果有人能对《吕氏春秋》改动一字者，可获赏千金。可是随着时间一天天过去，好奇的观众越来越少，站在市门前阅读《吕氏春秋》的人也都渐渐散去，没有一人能够将千金取走。其实，并非书中不可改动一字，而是人们不敢改动，怕引来杀身之祸，这"一字千金"不过是吕不韦为了求名吹嘘的手段罢了。

知识链接

吕不韦效仿四公子

吕不韦登上秦国相国之位的时间虽晚，但绝没有一般暴发政客嫉贤妒能的通病，他对元老重臣甚为器重，不存戒心，没有成见，是他取得成功的重要原因之一。另外，吕不韦任相国之初，招纳各方人士来相府做客，他是秦国历史上第一个认识到士的作用的人，很多有识之士纷纷投奔他而来，其中著名的有司马空和李斯。

罢相位身败名裂

秦王政即位，他的母亲赵姬也就被封为太后。

吕不韦与赵姬是老情人了，当年把她送给异人时想必也是十分不舍。在庄襄王死后，吕不韦总是到后宫与太后叙旧。可是随着时间的推移，秦王政渐渐长大成人，吕不韦怕事情败露，于是便找到了一个替代品，嫪毐。

吕不韦故意让人告发嫪毐犯下该受宫刑的罪，然后又暗中对太后说："你可以让嫪毐假装受了宫刑，这样他就可以名正言顺地在身边侍奉你了。"太后偷偷地送给主持宫刑的官吏很多金银珠宝，假装处罚了嫪毐，拔掉了他的胡须假充宦官。

太后特别喜爱嫪毐，暗地里与他相好。后来太后怀孕在身，恐怕别人知道，就假装说算卦显示不吉祥，需要换一个环境来躲避一下，于是就迁到了雍地的宫殿中居住。嫪毐一直跟随在太后左右，得到的赏赐非常丰富，而太后凡事也由嫪毐决定。嫪毐的仆人有数千人，希望做官而自愿成为嫪毐门客的也有上千人。

后来有人告发嫪毐其实并不是宦官，那人对秦王政说："嫪毐常常与太后私通，还生下了两个儿子，都把他们隐藏了起来，还和太后密谋说，若是大王您死去，他们就让自己的儿子即位。"

秦王政听了，心想这还了得，立刻命令法官严查此事。法官很能干，很快就把事情的真相全部弄清了，事情还牵涉到相国吕不韦。秦王政命人把嫪毐家三族人全部杀死，又杀了太后所生的两个孩子，还把太后彻底贬迁到雍地去居住，随后又免去了吕不

韦的相国职位，把他遣到河南的封地去了。

一年以后，各诸侯国的宾客使者络绎不绝地前来问候吕不韦。秦王恐怕吕不韦发动叛乱，就写信给他说："你对秦国有什么功劳？秦国封你在河南，食邑十万户；你与秦氏有血缘关系吗？却号称仲父。现在你就和你的家属迁到蜀地去居住！"吕不韦想到自己逐渐被逼迫，害怕日后被杀（有些人不怕死，就怕辉煌过后的落魄，想必他也是这种人），便喝下毒酒自杀身亡。

＜智慧点津＞

公元前三世纪晚期，秦国的统一是中国古代历史进程中划时代的大事件。吕不韦作为秦国上层执政的核心人物，在这一历史演进过程中发挥的作用是不可忽视的。综观吕不韦富有戏剧性的一生，充分发挥了他作为商人的独到眼光与智慧，他不但投资商业成功，投资政治也非常成功，但成功后的吕不韦，由于利欲心太重，没有像范蠡那样，事业达到顶峰后急流勇退，最终落了个自杀身亡的悲惨结局，这是吕不韦留给后世的最大教训，也最值得深思。

甘罗拜相

——十二岁为相的神童

在战国这个时代的大舞台上,各种各样的人才层出不穷。甘罗年方十二,就已经凭借自己的智慧周旋于王侯之间,而且不费一兵一卒便使秦国得到十六座城池,官封上卿,这在中国历史上可以说是绝无仅有的,确实是当之无愧的小神童!只可惜,他有才有识却英年早逝。

见秦王顽童逞能

甘罗的爷爷甘茂是秦国的相国,有一回因为一件事得罪了秦武王。秦武王本想处罚甘茂,可又觉着他是朝中老臣,不好公开发落,就想了个法子整治他。

这一天,秦武王把甘茂叫到面前,板着脸说道:"命你在三天内给我送来三个鸡蛋。"甘茂刚答应了一个"是"字,秦武王

又接着说:"我要的可是公鸡蛋!听清了吗?公鸡蛋。"甘茂立刻傻了眼。他惊讶地睁着眼睛,呆呆地望着秦武王。秦武王连看都不看他,挥挥手说:"你走吧。"

甘茂回到家里,茶不思饭不想,愁眉苦脸,闷闷不乐。甘罗见爷爷神色不对,就缠着爷爷非要问出个究竟不可。甘茂只好一五一十地说出了原委,最后叹了一口气说:"我的死期已经不远了。"没想到甘罗听了以后一点儿也不着急,反倒安慰甘茂说:"爷爷,您别着急,三天以后我替您去面见大王。"

三天的限期到了。秦武王召见甘茂,想不到进来的竟是一个孩子。"你是谁家的孩子?"秦武王奇怪地问。甘罗不慌不忙地说:"尊敬的大王,我是甘茂的孙子甘罗。"

秦武王生气地说:"你爷爷为什么不来见我?倒派了你这样一个孩子,真不像话!"

"报告大王,我的爷爷正在家里生孩子,来不了,所以派我来见大王。"

秦武王一听这话禁不住怒火上升,一拍几案说:"真是胡说,男人怎么会生孩子呢!"甘罗一点儿也不害怕,从容地答道:"大王说得有理。既然男人不会生孩子,那么公鸡也自然不会下蛋!"

秦武王张口结舌,不能对答。他觉得眼前这个孩子真是又聪明又大胆,实在太可爱了。于是秦武王就不再提要公鸡蛋的事,甘茂也免了一场灾难。

还有一次,甘罗去演兵场观看士兵们操练,恰巧秦武王也在

场。秦武王有个古怪的脾气，喜欢对周围的人提一些很难回答的问题。这回，他瞧士兵们密密麻麻地刚集合好，身后那一大堆武器还没顾得上拿，就大声对文官武将们说："你们当中谁能用十击掌的工夫就查出是士兵多还是武器多？"

这一问，把在场的文官武将都给难住了，一个个在心里直嘀咕：这么多士兵和武器，莫说是十击掌，就是花上半天工夫也难查清啊！因此，谁也不敢吱声。

甘罗见冷了场，便不慌不忙地走上前去，对秦武王说："只要士兵们听我的命令，我只用三击掌的工夫准可以查出士兵多还是武器多。"

秦武王打量了一下眼前这个乳臭未干的娃娃，起初有些犹豫，但转念一想，如果不依他，恐怕不会再有人敢"出头"了。于是，秦武王板着面孔说："军中无戏言。如果你查不出来，本王可就不客气了！"

秦武王的话虽然严厉，但甘罗一点儿也不害怕。他跳到台子上，学着大将军的样子命令士兵们："我击第一掌时，你们必须立即去取一件兵器，违令者斩！我击第二掌时，所有拿到兵器的人必须火速到我跟前集合，违令者斩！"士兵们齐声回答："遵令！"

甘罗两击掌后，只见还有几个士兵空手在那儿站着，心里顿时有了底。他又一击掌，喊道："大王，士兵多武器少！"一时间，整个练兵场响起一片惊讶赞叹之声，秦武王更是喜上眉梢，把他封为小郎中。

说利害张唐使燕

过了几年，秦王嬴政即位，不久甘茂去世了，那个时候甘罗也才只有十二岁，于是就投到相国吕不韦的家里做门客。当时秦国想和燕国一起攻打赵国，扩张河间一带的领地。为了证明联合的诚意，秦王派纲成君蔡泽到燕国辅助燕王，燕王把太子丹送到秦国做人质。三年后，蔡泽任满，秦王又打算派张唐到燕国为相，张唐却执意不肯。

秦王派吕不韦去劝说张唐，张唐回答："昭王当政的时候，我曾经带兵攻打过赵国，占了他们大片土地。赵王恨透了我，悬赏百里土地要抓我。这次去燕国肯定要路过赵国，我不能冒这个险。"吕不韦劝说不成，心里很不痛快，怒气冲冲地回了家。

甘罗看到，走上前问："相国您为什么不高兴，能不能告诉甘罗？"吕不韦正心烦，看到甘罗面色不悦地说："去去去，小孩子管那么多干什么！"甘罗理直气壮地说："相国为什么要收养我做您的门客，不就是为了让我帮您出谋划策吗？现在您碰到了难事，却不让我知道，就算我想帮您出主意，也不知道从何下手啊！"

吕不韦听他这么一说，转念一想，或许这个孩子真能想到办法，于是把事情告诉了他，说："秦燕两国礼尚往来，一切进展顺利。可张唐就是不肯出使燕国，你说怎么办？"

甘罗一听笑了，说："我还以为是什么国家大事呢，原来是这么件小事啊！相国能不能让我去跟他谈谈？"吕不韦不以为

意，说："你一个小孩子，不知道天高地厚，我亲自劝他他都不听，更何况你这个毛孩子呢。"甘罗据理力争："项橐七岁的时候就能把孔子问得无言以对，被孔子尊为老师。我现在已经十二岁了，你为什么不肯让我试试呢？如果不成的话，那我甘愿受罚。"吕不韦听了觉得甘罗言之有理，点头说道："那你就去试试吧，只要事情能办成，回来我一定重重赏你。"听到相国同意了自己的请求，甘罗很高兴，整装前去拜访张唐。

张唐听说吕不韦派门客来了，很惊恐，忙到门外迎候。等来等去，却等到一个十多岁的小孩子。他根本没把甘罗放在眼里，不客气地问："你干什么来了？"甘罗毫不示弱，回答："你的死期快到了，给你吊丧来了。"张唐听了火冒三丈，斥责道："看你小小年纪，怎么说话这么不知轻重，我又没死，你吊的哪门子丧事？"

甘罗见他上钩了，接着采用激将法："还不知道是谁不知轻重呢。我问你，你的战功和武安君白起相比，谁更大呢？"张唐忙说："武安君战名远扬，向南大伤楚国的元气，向北名声威震燕国和赵国，战无不胜攻无不克。长平一战，一次就消灭了四十多万赵军，为秦国拿下的城池难以计数，这么显赫的功劳，我可不敢比。"甘罗又问："那当年的秦国国相应侯范雎和现在的吕相文信侯相比，谁的权力更大，谁更独断专行呢？"张唐回答："应侯当然比不上文信侯。"甘罗追问："你确定吗？"张唐回答："当然确定。"

甘罗笑了起来，说："既然你这么确定，为什么还敢不听文信侯的话呢？当年应侯范雎派武安君进攻赵国，武安君不肯出

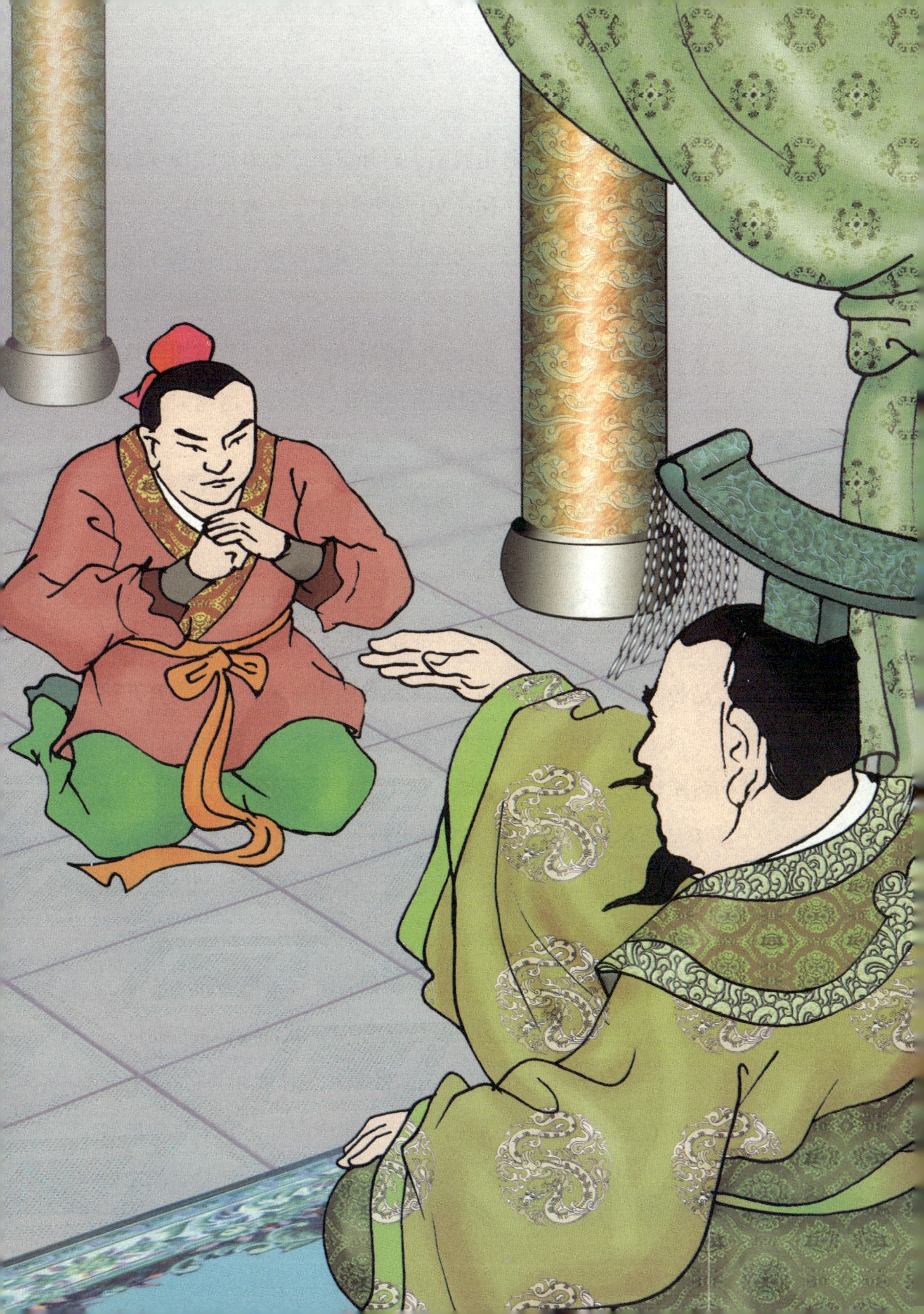

战，让他为难，结果被赶出咸阳，离开咸阳才七里地，应侯就派人在杜邮把他赐死了。应侯比文信侯宽厚多了，被功劳这么大的武安君拒绝尚且不能容忍，何况是文信侯和你呢？所以我才说，提前给你吊丧来了。"

张唐这才反应过来，不由得一阵后怕，忙向甘罗道谢。甘罗又说："如果你真的要去燕国的话，那我就先去一趟赵国，替你开开路吧。"张唐道谢不迭。

十二岁出使赵国

甘罗回去告诉了吕不韦，吕不韦对他大加赞赏。甘罗请求说："张唐虽答应要去燕国了，可他必定会经过赵国，这是个麻烦，请相国允许我带五辆马车，先到赵国去一趟，为张唐开开路吧。"吕不韦这回不再小看他了，于是去请奏秦王嬴政说："已故的将军甘茂有个孙子叫甘罗，才十二岁，在我门下做门客。这个孩子虽然年纪不大，但不愧是名门之后，巧舌如簧，能言善辩。这次张唐借口身体不好不去燕国，全靠甘罗出马劝他。现在这个孩子还想替张唐去一趟赵国，请您同意吧。"

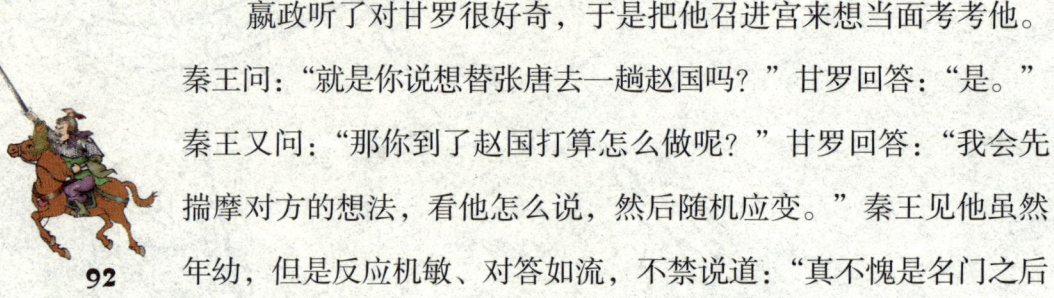

嬴政听了对甘罗很好奇，于是把他召进宫来想当面考考他。秦王问："就是你说想替张唐去一趟赵国吗？"甘罗回答："是。"秦王又问："那你到了赵国打算怎么做呢？"甘罗回答："我会先揣摩对方的想法，看他怎么说，然后随机应变。"秦王见他虽然年幼，但是反应机敏、对答如流，不禁说道："真不愧是名门之后啊！"于是同意他出使赵国。甘罗带着五辆车及上百名随从上了路。

赵王早就听说秦国和燕国交好的事情，很担心，怕它们联手攻打赵国。这时候，突然听说秦国派使臣来了，连忙赶到城外迎接。他见到甘罗，心中纳闷，想："秦国怎么会派个小孩子出来？"只见甘罗不卑不亢、不急不缓地走到赵王面前说："甘罗奉秦王之命，前来拜会赵王。"赵王问："秦国有过一位姓甘的将军，不知道和你的关系是？"甘罗回答："那是我的爷爷。"赵王又问："你多大了？"甘罗答："已经十二岁了。"

赵王听了哈哈大笑，说："难道秦国没有人才了吗？让一个十二岁的小孩出来办事！"甘罗从容应对："我们秦国用人唯才，有才能的人就做大事，没才能的人就做小事。来赵国这样的事，秦王觉得是件不足挂齿的小事，所以就派了我这个不足挂齿的小人来。"一席话说得赵王哑口无言。赵王知道这个孩子不容小觑，于是正色问："你来赵国是为了什么？"

甘罗反问："燕国把太子丹送到秦国做人质，这件事大王听说了吧？"赵王回答："听说了。"甘罗再问："秦国要派张唐到燕国为相，这件事大王也听说了吧？"赵王回答："听说了。"甘罗紧接着问："既然大王都听说了，为什么却坐视不理呢？"赵王装糊涂，说："秦国和燕国交好，跟赵国有什么关系吗？"甘罗回答："也没什么关系，不过是准备联手攻打赵国，想要河间的那块地。"赵王故作镇定，说："哦，原来如此。那你这次前来，是想做什么呢？"

甘罗诱惑说:"秦燕相好,赵国最危险。我给大王出个主意,不如先送五座城给秦王,请他把太子丹送回燕国,断了和燕国的交好,这样赵国不就安全了吗?然后赵国再去攻打燕国,以赵国的军力,小小的燕国哪是对手呢?秦国保证,赵国攻打燕国的时候绝不插手。拿下了燕国,您得到的又何止是五座城呢?"

赵王听了甘罗的主意,立刻转忧为喜,当即决定把河间的五座城池割让给秦国,还赏给甘罗黄金百两、白玉一对。甘罗不费一兵一卒,带着赵国河间的地图回到咸阳,秦王大喜,当场封他为上卿(相当于相国),夸他说:"你小小年纪居然有这么大的才智,真是难以想象啊!"

嬴政按照甘罗的建议,不但没让张唐到燕国去,还把太子丹送回国。不久赵国派大将李牧率兵攻打燕国,夺取了三十座城池,分给秦国十一座。

知识链接

秦国不战而屈人之兵

秦王嬴政联合燕国攻打赵国的战略,由于张唐的胆怯拖延、吕不韦的精心策划以及甘罗的机智过人,最终演变成了秦国联合赵国共同削弱燕国。结果,在这场战争中,秦国不费一兵一卒就夺得了燕国大片的土地,真正实现了《孙子兵法》中所说的"上兵伐谋"和"不战而屈人之兵"。

< 智慧点津 >

甘罗年仅十二岁，却能洞察时局，利用国与国、人与人之间的矛盾，靠三寸不烂之舌，解决了别人所解决不了的问题，为秦国谋取了极大的利益，少年有为。司马迁说："甘罗年纪很轻，因为献出妙计，名垂后世，虽然他算不上品行忠厚的君子，但也是战国时期名副其实的谋士。"其实，甘罗能取得如此的成就不仅仅是靠他的天赋，还与当时的客观环境有关。因为战国时期，天下大变，各路诸侯之间征伐不断，因此特别时兴权变谋诈之术，甘罗才能抓住机遇，施展自己的才华，留给后世神童的形象。

重用李斯

——聪明反被聪明误，最终走上黄泉路

李斯在临刑前对儿子说："我想和你一块儿牵着大黄狗，在咱老家东门外去追兔子啊！"如果让李斯重活一次，必定会有不一样的结局吧，可历史的悲剧往往在于其不可逆性。一个楚国的愤青当上了秦国的丞相，一个寒门学子成了权倾一时的帝国要人，这个人就是李斯。司马迁在《史记》里记录了他的奋斗历程，展现了他的悲喜人生，读来让人颇多警悟。

辞官求学，立志事秦

生于七雄争霸战争末年的李斯，本是楚国上蔡的一介布衣，青年时曾做过郡中小吏。小吏地位低下，侍奉长官小心翼翼，唯恐有了闪失，然而这与李斯的鸿鹄之志相去甚远。

在做小吏时，李斯偶然看见官舍厕所中的老鼠偷食污秽之

物，一遇人或狗撵，立刻惊恐万状仓皇逃跑；又见粮仓中的硕鼠仰食积粟无所顾忌，公然出入坦然自若。于是他触景生情，感慨万端："人有君子小人之分，就像硕鼠一样，全看自己处在什么样的环境了。"经过一番思考，他决定拜荀子为师，跟他学帝王之术。

在当时，荀子是一名儒学大家，当过齐王的老师，不得志后又来到楚国，春申君安排他当了兰陵县的县令。春申君死后，荀子罢官，在兰陵教书育人一直到死。

李斯学成之后，苦思冥想，寻觅能使自己施展才华、获取荣华富贵的出路。他纵观各国，反复斟酌。认为楚王胸无大志，不足为谋；六国相继衰弱，无从建立号令天下之奇功；唯独秦国，经历了秦孝公以来的六世，特别是秦昭公以后，国势兴旺，已经成了雄踞于七国之首的最强大的国家，可望代替名存实亡的周室而一统天下。主意一定，李斯决定西入强秦。

临行之际，李斯面对荀子的诘问毫不掩饰自己的心迹，慷慨陈词："我听说，得到了时机不可怠惰，而应及时牢牢抓住。当今各诸侯倾力相争，游说者参与政事。而秦王想吞并诸侯、一统天下，成就大业，这是智谋之士奔走效力、建功立业的大好时机。处于卑贱地位而不思有所作为，改变自己的境遇，这与只知咀嚼送到嘴边肉的禽兽有何差别？人的耻辱莫过于卑贱，悲哀莫甚于穷困。永久地处于卑贱地位、苦困境地，却还表示愤世嫉俗，憎恶功名利禄，自托于无为，不过是掩饰自己的无能而已，

绝不是士人的真实想法。我意已决，我将西行入秦，为秦王出谋划策，建功立业。"

《谏逐客书》传诵千古

李斯入咸阳那一年，庄襄王病死，吕不韦拥立十三岁的太子登基，即秦王嬴政。李斯初到秦国，不过是一个异国平民，要想进入统治集团核心去参政谋事，谈何容易。于是他充分利用自己的才华，审时度势、权衡利弊，最后决定以投靠吕不韦作为仕途的第一步。随后，李斯当了吕不韦的舍人，吕不韦欣赏他的才华，举荐为郎（秦王的侍从官）。

李斯跟秦王说："以前秦穆公称霸，但是不能并六国，因为诸侯有力，周王未衰。孝公以来，秦国连胜诸侯，已经六世。以今日秦国之强大、大王之贤明，足以灭诸侯、成帝业，一统万世指日可待。如果不抓住时机，万一诸侯复强，即使黄帝再生，也难以并天下。"

秦王嬴政一听，终于找到了知音。随后，嬴政便封李斯为长史。再次见到嬴政时，李斯又提了一个建议：一方面就是用重金收买、贿赂、离间六国君臣以及六国之间的关系，另一方面就是要运用武力来对付六国。这一次李斯又迎合了秦王嬴政的想法，嬴政如获至宝，立即提拔他为客卿，李斯由此平步青云。

就在嬴政处理完吕不韦的事、李斯节节高升之际，嬴政却突然发布了一道命令，这个命令使得六国在秦国的所有人才都统统

向外逃去，这就是历史上有名的"逐客令"。

逐客令的由来要牵扯到一个人，他就是郑国。当时，韩国害怕被秦国灭掉，派水工郑国到秦国鼓动修建水渠，目的就是想削弱秦国的人力和物力，牵制秦国的东进。后来，郑国修渠的目的暴露了，东方各国也纷纷派间谍来到秦国做宾客。秦国的群臣对外来的客卿议论很大，对秦王说："各国来秦国的人大抵是为了他们自己国家的利益来秦国做破坏工作的，请大王下令驱逐一切来客。"秦王随即下了逐客令，李斯也在被逐之列。

李斯给秦王写了一封信，劝秦王不要逐客，这就是有名的《谏逐客书》。他说："我听说群臣议论逐客，这是错误的。从前秦穆公求贤人，从西戎请来由余，从东方的楚国请来百里奚，从宋国迎来蹇叔，任用从晋国来的丕豹、公孙支，秦穆公任用了这五个人，兼并了二十国，称霸西戎；秦孝公重用商鞅，实行新法，移风易俗，国家富强，打败楚、魏，扩地千里，秦国强大起来；秦惠王用张仪的计谋，拆散了六国的合纵抗秦，迫使各国服从秦国；秦昭王得到范雎，削弱贵戚力量，加强了王权，蚕食诸侯，秦成就帝业。这四代王都是由于任用客卿，对秦国才做出了贡献。客卿有什么对不起秦国的呢？如果这四位君王也下令逐客，只会使国家没有富利之实，秦国也没有强大之名。"李斯还说，秦王的珍珠、宝玉都不产于秦国，美女、骏马、财宝也都是来自东方各国，如果只要秦国本国所产的东西，那么许多好东西也就没有了。李斯还在信中反问：为什么这些东西可用而客就要被逐？看起来大王只是看重了一些东西，而对人才不能重用，其结果是加强了各国的力量，却不利于秦国的统一大业。

李斯的这封上书，不仅言辞恳切而且确实反映了秦国的历史和现状，代表了当时有识之士的见解。因此，这篇《谏逐客书》也成为历史名作。

《谏逐客书》切中了嬴政的命脉，那就是他要统一六国，建立一个强大的帝国。所以，李斯就跟他说，大王您把六国的人都赶走了，这些人就会跑到其他国家，帮助其他六国建立功业，到时候其他国家强大了，秦国再要攻打就难了。还有很重要的一点就是，客卿对秦国的贡献很大，但是造反作乱的很少。商鞅、张仪、范雎等一系列名臣都不是秦国人，您又怎么能凭嫪毐、吕不韦、郑国等人来否定所有六国之人呢？

就是这一番见解，让嬴政茅塞顿开，他刚刚取得秦国大权，需要众多的贤才辅佐他成就宏图伟业，这个时候驱逐六国之士不是将自己的事业葬送吗？

秦王嬴政明辨是非，果断地采纳了李斯的建议，立即取消了逐客令。李斯仍然受到重用，被封为廷尉。这时，即将被杀的郑国也向秦王进言：韩国让秦国大兴水利建设工程，当初的目的确实是为了消耗秦国的实力，但是水渠修成之后对秦国也是有利的，尽管兴修水利减轻了秦国对六国的压力，让韩国多存在几年，但修好渠可以"为秦建万代之功"。

秦王觉得郑国的话有道理，决定不杀郑国，让他继续领导修

完水渠。这条渠就是后来的郑国渠，它对发展繁荣秦国的经济起到了一定的作用。

经过这一次反复，秦国仍旧坚持招揽和重用外来客卿，这些外来的客卿在秦国统一中国的过程中发挥了重要作用。在取消逐客令不久，魏国大梁人尉缭也来到秦国。

辅助秦王，统一六国

当时的形势是，秦王已经除掉了内部反对派吕不韦等人，大权进一步集中，秦国正积极向外扩张，而东方各国都个个自危。因此，尉缭向秦王建议："当前，以秦国的力量消灭东方各国是毫无问题的，但如果各个诸侯国联合起来，合纵抗秦，结果就很难说了。所以不要吝啬财物，要向各国掌权的'豪臣'行贿，破坏他们的联合，只需用三十万金就可以达到兼并各个诸侯国的目的。"

秦王采纳了尉缭的计谋，封尉缭为国尉，还让他享用同自己一样的衣服、饮食。在同各国进行斗争的过程中，秦国多次使用此策略而取得胜利。当然，秦国的反间计是以武力为后盾的，正如李斯所讲，"不肯者，利剑刺之"。

此时的李斯眼观六路、耳听八方，洞察到天下格局的重大变化——韩王向秦国俯首称臣，魏国则举国听从于秦国，此时秦国对六国已占威慑之势。李斯瞅准时机，立即上书秦王，提出剪灭六国、创建帝业的谋略。

秦王嬴政是个有崇高政治抱负的君王，之前他就在吕不韦的辅佐下，怀着满腔热忱悄悄地酝酿统一中国的大计。现在，李斯的上书一语破的，令秦王笑逐颜开，立刻擢升李斯为长史，参与基本国策的讨论。在李斯等人的策划下，秦王派遣巧舌如簧、善于谋略的官员，携金银珠宝游说诸侯。对各诸侯国贪财的权臣贵要行贿收买，对不为金钱名利所动者则采取反间之计，或遣刺客暗杀。秦国在战略上采取远交近攻，一方面对近邦韩国和魏国强攻猛打，另一方面离间远邦君臣（如赵国将军李牧善于用兵，曾多次打败秦军，秦国就派人收买权臣郭开向赵王进谗言，结果赵王就下令杀了李牧，使赵国的这支劲敌沦为西山落日）。

秦统一六国后，为长远地维护自己的统治，秦始皇开始专心探讨治国安邦之道。他问李斯："朕观前代史籍，见数百年间常常是战乱迭起、兵戎相见，哪一朝的帝王权臣都难免成为百姓攻击的目标。而每一次动乱中，一些豪门大富又总是争权夺利，趁机崛起，这到底是什么原因呢？"李斯进言说："依臣看来，其主要原因是历朝历代或不能明法，或执法不严，所以使得豪强兼并、百姓造反祸乱不息。陛下圣明，只要严格执行秦律，使天下人都做到令行为遵，哪个还敢作乱呢！"这些想法得到秦始皇的赞许，李斯进一步辅佐秦始皇策划、制定了一系列诏令或法令。

因为事情做得漂亮，李斯在二十多年的时间里数度被提拔重用，职务由客卿、长史直至丞相，其权势渐渐接近巅峰。他位居

三公主持朝政，几个儿子都娶了秦国的公主为妻，女儿也嫁给了秦国的公子。李斯与秦始皇做了儿女亲家，地位已经相当稳固。李斯遥想当年，自己不过是个没有任何工作经验的学子，经过多年的打拼才取得了今天这么大的成功，可以说是志得意满了，然而毕竟熟稔帝王之术，经历过血雨腥风，面对已达到极致的权力，他反而有种不安。特别是当他的儿子回家休假、朝臣前来祝贺的时候，这种不安就会被放大。

李斯的儿子李由在三川郡当"一把手"，回家休假也属正常，但朝中官员们反应过度，大家都挤进李丞相的家门争相祝贺。面对着一眼望不到头的"豪华车队"，李斯想起了荀子关于"物禁太盛"的教诲，心情想必十分复杂。如果这个时候李斯真的想明白了、看开了，下决心舍弃权位、全身而退，结果会相当圆满。但李斯解不开那个恐惧贫穷、贪恋富贵的结扣，宿命一般地走进一个注定了的悲剧之中。公元前210年，秦始皇在视察工作的途中病死于沙丘，李斯的悲剧由此拉开序幕。

沙丘之谋，害人害己

说到这里，我们必须提及另一个重要人物，那就是"指鹿为马"的赵高。赵高本是一个宦官，机敏干练，城府很深，一直受到秦始皇的信任。在玩弄权术方面，他比李斯高明得多。

秦始皇的意外之死让赵高获得了机会，他决心借机杀掉领兵在外的公子扶苏，立秦始皇的小儿子胡亥为帝。为了达到这个目

的，赵高找李斯商量，但李斯坚决反对，还说这是大逆不道。赵高马上亮出撒手锏，抓住李斯贪念相位、意欲封侯的弱点，迫使其放弃抵抗，终成"沙丘之谋"，逼迫公子扶苏自杀，胡亥当了二世皇帝。

胡亥上台后大权独揽、纵情玩乐，以为这样才能显示出帝王的尊贵，而且还滥用刑罚，造成了"刑者相半于道，而死人日成积于市"的严重后果。赵高让李斯面见秦二世，规劝胡亥以国事为重。那时候李斯有点儿犯傻，被拒三次还不想走。赵高趁着胡亥玩乐的兴头上，故意又报告李斯求见。胡亥很不高兴地说："我闲的时候不来，一忙他就来干扰，这不是看不起我吗？"赵高借机进谗言，说："李斯参与了沙丘之谋，立您当了皇帝，可他没有封侯，心生怨恨。还有，他的儿子在三川郡当郡守，听说和叛乱的人早有来往，这对父子是想谋反呀！"

胡亥认为有理，就找了一个借口把李斯在内的三位大臣拿下，由赵高审理治罪。结果，另外两个人自杀了，但李斯坚决不死，他认为自己有功、善辩，并无谋反之意。他还在狱中给二世胡亥写了申诉信，但被赵高扣留了。一番棍棒之后，李斯被迫自诬服罪，最终被腰斩于市，夷灭三族。

> 知识链接

李斯妒贤杀韩非

韩非是战国末期的一位思想家，与李斯是同学，但学问要比李斯大得多。韩非因为说话口吃，所以不善辩说，但是很擅长著述。韩非回到韩国后，眼见韩国太弱，多次上书献策，但都未能被采纳。于是韩非发愤著书，先后写出《孤愤》《五蠹》《说难》等。他的书传到了秦国，秦王非常欣赏韩非的才华，说："我要是能见到此人，同他交往，死而无憾。"不久，秦国攻打韩国，韩王不得不起用韩非，派他出使秦国。秦王很喜欢韩非，但还没有决定是否留用。

李斯知道韩非的本事比自己大，害怕秦王重用他，对自己的前途不利，就向秦王讲韩非的坏话。李斯说："韩非是韩王的同族，大王要消灭韩国，韩非爱韩不爱秦，这是人之常情。如果大王决定不用韩非，把他放走，对我们不利，不如把他杀掉。"秦王轻信了李斯的话，就把韩非抓了起来。另外，韩非到秦国后又得罪了姚贾。姚贾为秦国立过功，深得秦王重用，被任命为上卿。韩非却向秦王说姚贾的出身不高贵，当过大盗，认为这样的人很不该用，使得秦王很扫兴。事后秦王又向姚贾问起韩非，姚贾当然不会讲韩非的好话。最终在李斯和姚贾的串通下，韩非没有办法，只好在狱中吃了李斯送来的毒药，自杀而死。

<智慧点津>

　　李斯确实很有才华，为天下统一做了大量建设性的工作，深得秦始皇的信任。但他的弱点也相当明显。名满天下的韩非出使秦国时，秦王曾想把他留下重用，但是李斯担心这位老同学对自己不利，设法逼其自杀。赵高也正是抓住了李斯的这一弱点，才把他带入了死亡的深渊。如此看来，李斯之死并不是因为赵高的陷害，而是死于自己过度的贪欲。"壁立千仞，无欲则刚"，这是大境界，一般人难以企及，但控制欲念、把握好自己，多数人还是可以做到的。

　　综观李斯的一生，他的精明都用在了使自己获得荣华富贵上。一直以来，他就是一个把小我放在第一位的人。一个人，如果他站在一个很低的视角上，自然容易蒙蔽了双眼，也更容易被别人抓住把柄。性格决定命运，或许李斯的悲剧从一开始就已注定。

神医扁鹊

——能起死回生的全能医师

扁鹊生活的年代，正是生产力迅速发展、社会发生激烈变革和动荡的时代，也是一个人才流动、人才辈出的时代。由于各国的激烈竞争，形成了尊重人才、招贤纳士的社会风尚。当时的各国采取兼收并蓄之法，为各类人才提供了展示才能的舞台。扁鹊就是在这样的情况下受到重视并得到重用的，他创造了望、闻、问、切的诊断方法，在医学方面有很高的成就，被尊崇为中医学的开山鼻祖。

年少学医，起死回生

在战国时期，出了一位医学上的名人，原名叫秦越人，由于他能治百病、医术高明，人们称他为扁鹊。时间一长，很多人都忘了他的本名。

> **知识链接**
>
> ### 扁 鹊
>
> "扁鹊"是古代医术高超者的一个通用名词。按照古人的说法,医生治病救人,走到哪里就将安康和快乐带到哪里,好比是带来喜讯的喜鹊,所以古人把那些医术高超、医德高尚的医生称作"扁鹊"。另有一种说法是,扁鹊本为黄帝身边一个医师的名字,名气很大,所以后来人们就称秦越人为"扁鹊"。

扁鹊少年时候做过舍长,也就是旅店的主人。当时在他的旅舍里有一位经常来住宿的客人叫长桑君,扁鹊与他的关系很好,知道他擅长给人看病,便想拜他为师,可是被长桑君拒绝了。扁鹊没有放弃,始终热情周到地服侍他。终于有一天长桑君同意了这件事,他对扁鹊说:"我掌握着一些医药秘方,现在我老了,把这些医术和秘方传授给你,但是你一定要保守秘密,不能传出去。"扁鹊当即拜长桑君为师,继承了他的医术。在修习和掌握了这些秘方之后,扁鹊就开始周游列国,为人们治病了。

扁鹊在各诸侯国之间往来奔波,听说哪个地方病情严重,他就去哪里,而且总是能对症下药。扁鹊听说某个地方儿童患病的多,就专治小儿疾病;听说某地妇女患病的多,就充当起妇科医生。他对医药的研究方向总会根据病情的变化而改变。

有一次，扁鹊来到虢国，听说太子突然病重死去，很是不解，于是就去了宫中，说是能给太子治病。虢国国君听说有人能给儿子治病，也就"死马当成活马医"，顾不了那么多了。倒是那些宫中的太医对扁鹊是冷嘲热讽，难道人死还能复生不成？

　　扁鹊询问太子的死因，太子身边的人说："太子先是呼吸不畅，后来气血受阻，内脏损坏而死去的。"扁鹊听完十分自信地说道："太子入殓了吗？我能救活他！"这让旁边的人都非常怀疑，人死不能复生，即使医术再高明对一个死人也无可奈何啊！扁鹊看着他们不相信的样子，解释道："我听你说了这些，就知道太子并没有真正死去，他的下半身肯定还是热的。"其实扁鹊肯对太子施救，也是因为他听说此人不近酒色，要是那些花天酒地的纨绔子弟，他未必能出手相救。

知识链接

扁鹊的"六不治"

　　据说扁鹊看病行医有"六不治"原则：一是依仗权势、骄横跋扈的人不治；二是贪图钱财、不顾性命的人不治；三是暴饮暴食、饮食无常的人不治；四是病深不早求医的人不治；五是身体虚弱不能服药的人不治；六是相信巫术不相信医道的人不治。看来，扁鹊行医并非是来者不拒，而是有一套自己的行为准则。

有人将扁鹊的话告诉了国君，于是虢国国君带着扁鹊来到太子身边。扁鹊对着太子左看右看，又出手摸了摸太子的穴位，然后说道："太子并没有真的死去，而是一种假象，让我治好他吧！"说完便拿出银针，扎向太子的身体。过了片刻，太子果真苏醒过来，众人对扁鹊的医术都赞不绝口。扁鹊又用汤药给太子治疗，过了十几天太子的身体完全恢复。

这件事传了出去，天下人都认为扁鹊有起死回生之术。他却冷淡地回应道："我怎么可能把死人救活，其实太子并没有死，我只不过是令他恢复而已。"他说得很轻松，不过当时的世人都对他高明的医术深信不疑了。

望而知病与讳疾忌医

扁鹊曾经去过齐国，见到了蔡桓公。他大胆地说："大王您现在有病，应该及早治疗。"桓公很生气，怒道："我现在吃得好睡得香，能有什么病？"扁鹊走了之后，桓公还在大臣面前嘲笑他："这些医生就是爱把没病说成有病，来显示他们医术很高明，我才不会上当呢！"

> **知识链接**
>
> ### 蔡桓公
>
> 蔡桓公即田齐桓公，本名田午，田氏代齐以后的第三代齐国国君，因与"春秋五霸"之一的姜姓齐国的齐桓公（公子小白）谥号相同，故史称"田齐桓公"或"齐桓公午"。他在位时曾创立稷下学宫，该学府招揽天下学士，著书立说，一时人才荟萃，彬彬之盛。与蔡桓公称呼类似的还有蔡桓侯，是春秋时蔡国（现在的河南上蔡县一带）第七代国君。

过了五天，扁鹊又来见桓公，他这次有些焦急地说："大王，您的病已经渗透到血液中，要是现在不治会有很大的麻烦啊！"桓公的态度依然很强硬："我没有病，不要胡说！"

又过了几天，扁鹊见到桓公之后，不顾他高傲的态度，立刻说道："大王，现在您的病已经进入肠胃，再不治疗的话后果不堪设想！"桓公已经听得十分厌烦，这次连话都懒得说了，只是冷冷地哼着气。扁鹊无奈地摇摇头，转身离开了。

当扁鹊第四次去见桓公的时候，看了看桓公，暗自里长长地叹了口气，一句话也没说转身就走。这倒让桓公十分不解了，他忙派人追上前去问个究竟："先生今日为何一句话都不说就走了？"扁鹊道出了实情："一开始，大王的病在皮肤上，可是过

了几天就到了血液里，接下来又进入内脏，不过这些都是可以通过针灸或汤药治疗好的。但是现在大王的病已经深入骨髓，我真是没办法施救了，只得离开。"

那人回去将扁鹊的话转达给了桓公，但桓公仍然以为扁鹊是在危言耸听，没有在意。但是，没过几天桓公就生病了，他急忙派人去找扁鹊，可扁鹊早已不知去向了，这时他才追悔莫及。几天后，桓公因为没人能治疗他的疾病，在痛苦和遗憾中死去。

由此可见，扁鹊的医术高明到只用"望"就可以得知病人的病情，简直到了出神入化的地步，怪不得蔡桓公会不相信呢！

言医寓理，巧治齐王

自从扁鹊对桓公望而知病的故事传开之后，他的名声也传遍了列国。有一天，魏文侯询问扁鹊："你们家兄弟三人都行医治病，到底谁的医术最好呢？"扁鹊回答说："我的大哥医术最好，二哥其次，我是三个人中最差的那一个。"魏文王吃惊地问道："那为什么你最出名？"扁鹊回答说："我大哥治病，是治疗在未发病之前，所以一般人都无法知道他的医术，因而名声不能传播出去；我二哥最擅长在患者刚发病的时候治疗，及时地将疾病清除以至不会酿成大害，一般人都只认为他能治疗一些轻微的小毛病，所以名声只在本乡小范围内传播；但是我治疗疾病都是在患者病情严重的时候，一般人都能看到我扎针、放血、敷药等

施救的全过程，所以大家会认为我的医术高明。"魏文侯听后频频点头称赞。

据说还有一次，齐国的国王生病，终日昏昏沉沉，蒙头大睡，叫也叫不醒。宫中的太医们为此想尽了各种办法，但还是不见好转。文武大臣急得像热锅上的蚂蚁，王后和太子也愁得日夜啼哭。正当大家一筹莫展的时候，有个太监说："听说扁鹊是个神医，何不请他过来看看，说不定能治好大王的病。"

王后和太子立即把扁鹊请了过来。扁鹊看了看齐王，又搭了搭脉，然后说道："我可以治好大王的病，不过我治好大王的病后，他会处死我的。"王后和太子连声说："哪有这样的道理，治好大王的病，感谢你还来不及呢，怎么可能会处死你呢！"扁鹊听后，若有所思地回答："既然这样，那我过几天再来。"

这一天，天降大雨，扁鹊来给齐王治病。一路上，扁鹊既不坐轿也不打伞，而是冒雨步行，弄得一身泥水。扁鹊来到齐王的寝宫，看见齐王仍在蒙头大睡，叫了几次也不醒。扁鹊既不脱鞋也不脱衣，就爬到齐王的床上，把齐王推过去又翻过来。不一会儿，齐王睁开眼睛一看，有个浑身沾满泥水的人在摆弄他，顿时怒火中烧，坐起来指着扁鹊大声呵斥。外面的文武大臣听见了，急忙跑进寝宫。齐王看着一大拨大臣，又看看湿漉漉的扁鹊，觉得有失威严，大声喝道："来人哪！快把这无礼的野人拉出去斩首示众！"王后和太子上前求情，齐王根本听不进去。

武士把扁鹊推了出去，扁鹊对王后和太子说："大王今日发了这番火，病已不治自愈，不必再服药了。我犯了辱君之罪，大王要处死我，我早就想到了。不过，我有个请求，不要杀我的头，把我罩在大钟内闷死好了。"王后和太子把扁鹊的要求转告给齐王，齐王同意了。

扁鹊被罩在钟内，知道时间一长就要闷死，就用手在钟边挖泥土，掏出了一个通气孔道，自己就端坐在钟里静气养神。三天后，齐王的病彻底治愈。他想起被他下令处死的扁鹊，心中十分后悔，便同王后和太子一同来到钟前，叫人把大钟吊起来，只见扁鹊正端坐养神，面色红润，平安无事。

齐王见了很是惊讶，询问扁鹊为什么要用那样粗野没有礼貌的办法给他治病。扁鹊说："大王之所以生病是因为操劳国事过度，把许多烦恼之事闷在心头，积郁成疾，名为'郁症'。这种病只有激发他生气狂怒，把胸中积郁发泄出来才会好。"齐王和文武百官听了点头称是，赞不绝口。齐王大摆宴席款待扁鹊，并且赏赐了他许多金银财宝。

<智慧点津>

　　扁鹊能够通过观察人的气色就判断其是否患病,是其高超医术的表现之一。当然,这里面更重要的道理在于人们要防患于未然,否则等到危险显现时再治疗的话,就会错失良机,悔之晚矣。正因为这样,扁鹊才会不厌其烦地提醒蔡桓公及时治病,可惜桓公不信其言,最终病重不治而亡。扁鹊不仅具有高超的医术,更具有崇高的医德。他的一生是为医学事业奔走的一生,他舍荣华、弃富贵,顶烈日、冒严寒,披荆斩棘、广游民间,为千千万万个病者解除疾苦,这反映了他仁爱至诚、普济苍生的胸怀。

战国四将

——杀人不眨眼的"英雄事迹"

战国时期,各诸侯国之间征战不断,出现了"国无宁日,岁无宁日,邦无定交,土无定主"的混乱局面。但时势造英雄,这些大大小小的战役也锻炼出一批优秀的将领,其中以白起、廉颇、李牧和王翦最为突出,被后人称为"战国四大名将"。他们在战场上杀人如麻、所向披靡,虽毁誉参半,但其指挥过的许多战役都对历史的进程产生了非常重要的影响。

一代战神白起

白起是土生土长的秦国人,十分擅长领兵作战。一次偶然的机会,秦国国舅魏冉看中了他的才能,把他举荐给秦昭王。秦昭王是一个爱才之人,见白起谈吐不凡、气宇轩昂,就同意起用他。

不久，韩魏联军二十多万人来攻打秦国，白起只率领十几万秦军前去抵抗，双方在伊阙展开激战。白起凭借出色的指挥，击退了韩魏联军，活捉了韩将公孙喜，震慑了各国诸侯。这一战役就是历史上著名的伊阙之战，也是白起的人生转折点。从此，秦昭王对他另眼相看，委以重任。

不久，白起率领秦军去攻打楚国，出兵三次皆大胜而归，最后一次还打到了楚国的都城郢都。楚国虽然在走下坡路，但毕竟是个有影响力的大国，被敌人进攻国都可是头一次。消息一出，立刻引起了其他各诸侯国的骚动和恐慌，他们生怕有一天白起会把战争的矛头指向自己。而此时的白起已经成为秦国军队中的头号人物了，秦国的所有士兵他都可以调遣。

白起虽然打了许多战役，不过最令人刻骨铭心的还要属长平之战。这一次战争，他坑杀了四十万赵军，上演了中国历史上最残酷的一次大屠杀。

在向楚国大规模进军后，白起更是对韩国和魏国连连用兵，甚至想把韩国一分为二。韩国准备要割地求和，可是赵国的平原君贪图眼前之利，将韩国献出的割地夺了过来。这下可惹怒了秦国，秦昭王便派人向赵国进兵。

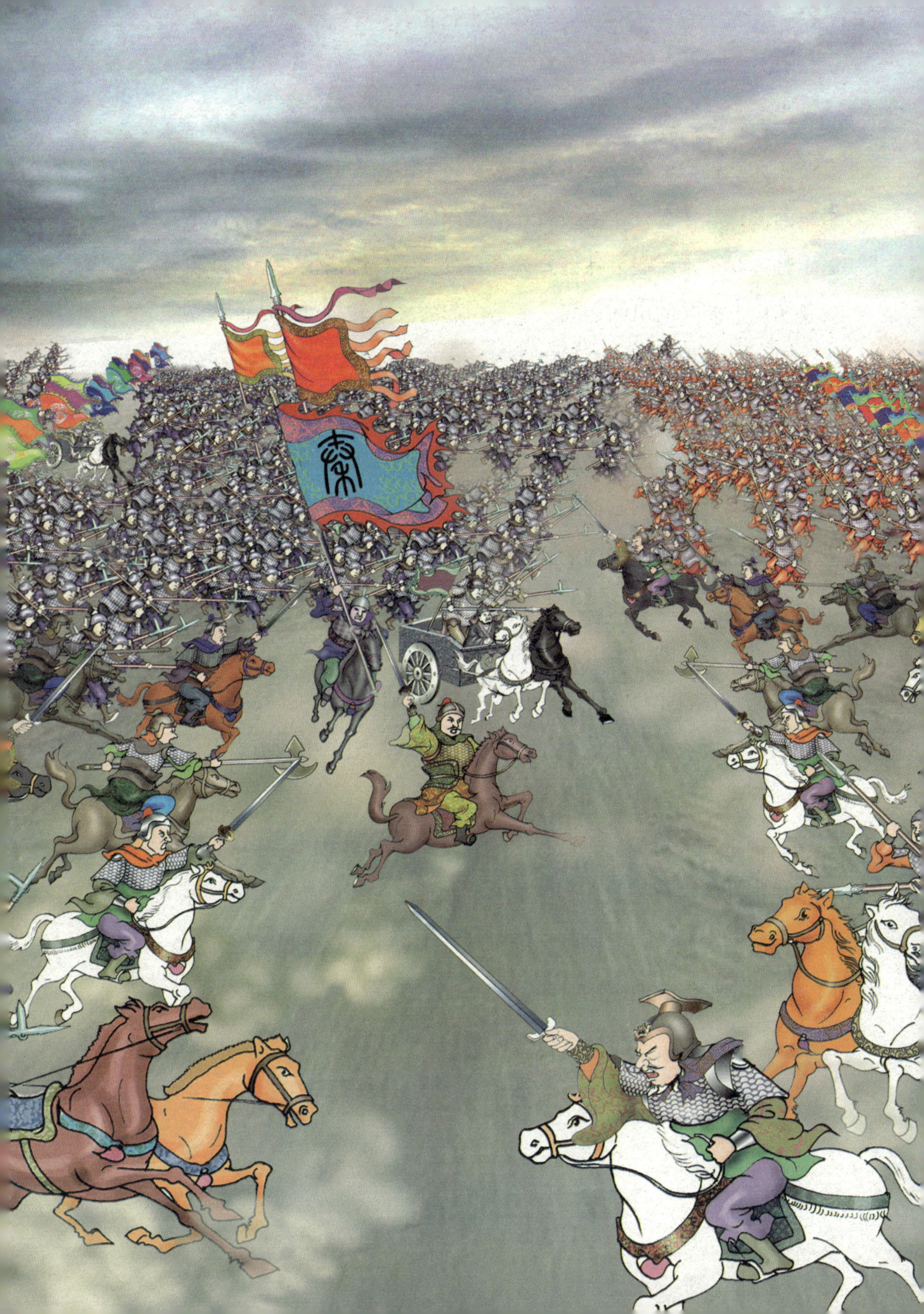

> **知识链接**
>
> ### 长平之战的起因
>
> 公元前261年（一说是前262年），秦军攻打韩国，韩国派使臣入秦，准备割让上党之地求和。而韩国的上党太守不希望把地盘献给秦国，暗地里偷偷地献给了赵国，他想讨好赵国，希望能与赵国一起抵制强秦。这在合纵人士的眼里确实是一个好计策。当平原君得知后就建议赵王接受，赵王也是利欲熏心，没有权衡利弊就答应下来。赵国的这一举动无异于虎口夺食，秦国哪里会乐意？就在第二年，秦王派两路秦军东进，一路攻打韩国，一路攻打上党。在上党的赵军抵挡不住秦军的攻势，退守长平，遂有了长平之战。

赵国在经过了赵武灵王的改革和扩张后，实力渐渐上升，再加上赵国的地形优势，可以与秦国匹敌。赵王见秦军已经向赵国进发，便下令发兵与秦国一战。

当时秦军的将领并不是白起，而是王龁。他率军攻打赵军，刚开始气势凶猛，打得赵军连连败退。可是赵军也不是虾兵蟹将，赵国的主将正是大名鼎鼎的廉颇。廉颇知道秦军长途跋涉，只是开始作战骁勇，坚持不了多久，于是就采用只守不攻的策略，王龁一时也拿他没办法。

两军对峙了三年，此间赵国派使者入秦，请求和解，秦国假

意要与赵国和解，私下里却用重金收买赵国的大臣，离间赵王与廉颇之间的关系。秦国派人四处散播流言，说秦军不怕廉颇，廉颇只守不攻是想要投奔秦国，秦军担心的是赵奢的儿子赵括，一旦此人领兵，秦军就将不战而退。

这些煽风点火的话开始并没有见效，但时间久了、说的人多了，再加上也有一些政敌要廉颇下台，赵王就果真听信了，认为廉颇是怕了秦军，于是就换上了擅长"纸上谈兵"的赵括。

赵军换了主帅，而秦军这边也换了主将。秦昭王见战事吃紧，便将王龁调回，派去了让诸侯闻风丧胆的白起。白起这一次是秘密前往，是秦昭王的一个"奇兵"，他下令封锁军中消息，让赵军认为现在的秦军主将依然是王龁。

白起针对赵括没有实战经验、求胜心切，制定了一系列的策略，决定采取诱敌深入、包围合歼的作战方针。白起先派几千精骑去攻打赵军，赵军见对方人少，士气大振，将这些秦军打败。精骑们根据白起的指示没有拼死作战，只是做做样子，就向后撤退。赵括此时还以为是王龁在指挥，掉以轻心，认为秦军也不过如此，便下令主动与秦军交战。

赵军全部出击，四十万士兵浩浩荡荡向秦军开去，而这正中了白起的计谋。那些"战败"的秦军将赵军引入早就埋伏好的地方，便消失不见，赵括这才发现自己进兵太草率了。

秦军借着有利的地形，将四十万赵军全部包围，赵括下令突围，但都被秦军打了回来。秦昭王听说白起已将赵军包围，便

亲自招募士兵，秦国十五岁以上的男丁都积极响应。秦昭王将这些男丁编成军队，全部用来支援长平战场，毕竟赵军是四十万军队啊！

秦昭王带领这些生力军阻断了赵军的补给线，被围困的四十万赵军没有了食物来源，而赵国也没有更多的军队前去援救。赵括组织了几次突围，但都以失败告终，他也知道要突围已经不是那么简单了。赵军在山林里靠吃野物和果子充饥，可这些总有被吃光的时候，后来甚至出现了士兵相食的惨状，在坚持了四十六天之后，赵括决定孤注一掷，与秦军交战。

那时的赵军连天遭受饥饿、寒冷，已经没有充足的力气作战，赵括一连组织了四次突围，但都不见效果，他本人也在战斗中丧生。剩下的赵军本想着尽快结束战争，看见主帅已死，便纷纷投降。

白起认为赵人没有信用，也知道这四十万人回国后将又会组成一支新的军队，便狠下心来将这四十万人坑杀，只留下幼小的几百人。

这场战争可谓是白起个人职业生涯的巅峰，但是盛极必衰，白起想要乘胜追击，一鼓作气将赵国拿下，此时秦昭王却下令退兵。这是范雎的意思，他怕白起功高盖世，将来对自己的权位不利，便以秦军长久作战士兵需要休整为理由说服秦昭王。

但是秦国罢兵后，赵国非但没有献出城池，反而与其他各国联合，共同抵制强秦。秦昭王大怒，决定再次攻打赵国，他下令

白起前去，但被白起拒绝了。白起认为赵国此时恢复了元气，并且各国都有联合抗秦的动机，现在去是会碰壁的。

秦昭王没有听从白起的意见，还是派人攻打赵国，可是这一次秦军失败了。昭王仍想起用白起，白起以生病为理由推辞。范雎便找人进谏，说白起这是在故意推辞，加上昭王也对白起不出战非常不满，便下令削去白起的爵位，让他迁出咸阳。

三个月后，秦军大败的消息又传来，昭王下令让白起前去救援。白起无奈，不好再推脱，便只身奔赴前线。此时范雎又进言说白起拥兵自重会造反，昭王听信谗言，以白起托病迟迟不肯出兵为理由，派使者赐给他一柄利剑，让他自刎。

白起知道自己逃脱不了这次劫难，便长叹道："我有什么罪责以至要被处死！"良久，他又叹道："上一次长平之战，我坑杀数十万已经投降的赵军，这就是报应吧！"说完便仰天自刎，一代战神就此结束了他的生命。

忠勇善战的廉颇

赵国成了秦国往东发展的最大阻碍，不拔掉它难以在东方立足，于是秦国连年向赵国进兵。廉颇率军奋力抵抗，秦军倒是也没讨到什么好处。

正当秦国放弃强攻赵国的时候，赵国也渐渐将重心转移到中原。秦国想联合赵国去攻打齐国，削弱齐国的力量。赵国距离齐国很近，如果能攻下来，土地就可以直接纳入自己的版图，便决

定与秦国联合。

廉颇这一次打败了齐军，不过却没有深入，他知道秦国还在窥视着中原的一举一动，若调动大军入齐，那么秦军会很快向空虚的赵国下手。廉颇看穿了秦国的阴谋，便在打败齐军夺取一些土地之后，迅速将军队调回国内。

之后，秦国采取范雎"远交近攻"的谋略，一边假装跟齐国和楚国交好，一边攻打临近的小国。公元前262年，秦国进攻韩国的上党，而郡守将上党献给了赵国，于是秦国和赵国之间围绕争夺上党发生了战争。这时，名将赵奢已经去世，蔺相如病重，执掌军务的只有廉颇，于是赵孝成王命廉颇统率二十万赵军阻秦军于长平。

两国于长平展开了拉锯战，廉颇率人抵抗，他认为此时秦军勇猛不可抵挡，便决定坚守不攻。后来秦国使用了计谋，让廉颇离开长平。廉颇虽有将帅之才，对于这些阴谋诡计却无可奈何，赵王任用了擅长谈论兵法的赵括。

廉颇告诉赵括"秦军千里奔袭，利在速战，应以守为主"，并以"守势图"相托，不料遭到赵括的冷眼相待。廉颇大怒之下交出帅印离开大营，骑马驰奔要回邯郸。但他越走越不放心，他觉得赵括骄傲自大、轻敌麻痹，若轻率出击必遭惨败，再加上途中赵军战士和百姓的挽留，便犹豫起来。廉颇一会儿觉得自己已经卸职，干脆走了吧；一会儿又觉得长平战事非同儿戏，二十万生灵乃赵国的元气……是走，是留，他拿不定主意，在路上徘徊

犹豫了很长时间，直到邯郸发来诏书催他回朝，才哀叹一声无奈地离去。

长平之战以赵国的惨败告终，因此赵孝成王更加信任廉颇，他认为只有廉颇才能挽救赵国失败的局面。秦国后来又发兵攻打赵国的都城邯郸，这次战争持续了很久，廉颇率军奋力抵抗，加上平原君的努力，各国诸侯都多多少少给予了一些帮助，总算保住了邯郸。

秦军在这次战斗中元气大伤，赵国暂时得到喘息的机会，终于可以安心地休养生息，不过燕军却落井下石，发兵攻打赵国。廉颇率人奋力抵抗，甚至反守为攻，将燕军打退，且继续追击，直到燕王决定割地求和，廉颇才罢兵回国。俗话说"瘦死的骆驼比马大"，虽然赵国被秦国打得体无完肤，但是面对弱小的燕国，还是不会把它放在眼里的。

由于廉颇救国有功，被封为相国。在他出任相国的几年里，多次阻击敌军，保住了赵国的江山，即使秦军也对他无可奈何。不过几年后，赵孝成王去世，赵悼襄王即位，这次变故让廉颇的人生也发生了转折。郭开对廉颇十分不满，看到新王即位，便向赵悼襄王进言，让乐乘代替廉颇。

> **知识链接**
>
> ### 郭 开
>
> 郭开，战国末期晋阳人，赵幽缪王赵迁的宠臣，历仕赵悼襄王、赵幽缪王两代君主。郭开进谗言陷害赵国名将廉颇和李牧，加速了赵国的灭亡。郭开在赵国为官二十余年，历任两朝相国，在位期间曾利用职权搜刮了大量的金银珠宝，埋藏在相国府宅的地下。后来，他在秦国为官后，一直惦记着这笔财富，经秦王批准，他带着百余名家丁前往邯郸的旧宅挖掘财宝，装了满满四车。在返回咸阳的途中遇上了一伙强盗，郭开与家丁全部被杀。

这宣告了廉颇在赵国再无立足之地，他便去投奔魏国。魏国虽然收留了他，却没有加以重用。而秦国听说这个消息后，便连连发兵攻打赵国，赵军抵挡不住，赵王就想再次任用廉颇，于是派使者去魏国，看一看老将军身体怎么样，是否还愿意为国效力。

使者带上赵王给的重金刚准备出发，郭开就找到他，给了他一些钱财，希望他能在赵王面前说廉颇的坏话。廉颇见到赵王的使者高兴极了，为了表示自己威风不减当年，还能上阵打仗为国立功，他一顿饭就吃了一斗米、十斤肉。吃完了，又披上铠甲，跃上战马，拉弓射箭，舞枪刺杀，果然身手不凡。他对使者说：

"你看我虽然老了,可是能吃饭能打仗,只要大王肯用我,我万死不辞,马上回去领兵参战!"

使者回国后,廉颇日夜盼望赵王的调令,可是一直没有等到。原来,当赵王询问使者廉颇的情况时,使者因接受郭开的贿赂,就故意在赵王面前说道:"廉将军虽然老了,饭量却很好,不过和我坐在一起,没多会儿就如厕了三次。"赵王认为廉颇已经老了,不中用了,便没有调用他。

楚王听说廉颇在魏国,便将他请去,不过廉颇在楚国却没有建功立业。他还是十分思念家乡,晚年仍希望为赵国出力,逢人便说:"我真想有一天还能率领赵国的士兵冲锋陷阵啊!"可惜,赵国再也没有起用他。最终,廉颇因思乡情切,在楚国抑郁而死,享年约八十五岁。

冤死的名将李牧

在赵武灵王时期,赵国布置大量兵力用于对付中山国和犬戎部落,但是随着赵武灵王去世,赵国也就放松了对犬戎部落的警惕。此后,恢复了元气的犬戎部落又开始不断向赵国进兵。

廉颇此时正在对中原各国作战,而李牧则担负起抗击犬戎的艰巨任务。

赵国的后方不能出现任何闪失,如果后方不稳定,前线势必吃亏,若两面战事都吃紧的话,肯定会让赵国首尾不能相顾。李牧就是在这样的情况下被派往雁门,他主要负责防守犬戎的进

攻。李牧一到雁门，先是争取赵王的同意，自己有权根据需要建立相应的职位以及选拔官吏，并将当地的赋税充作军饷，保证后勤供应没有问题。然后，他又针对犬戎的习性以及作战方式制定了一系列策略。

首先，李牧将边防线上的烽火台加以完善，派精兵严加守卫，同时增加情报侦察人员，完善情报网，及早预警。其次，他加紧训练士兵，增强军队的战斗力。另外，为了让士兵更加效力，李牧也下了不少功夫，比如对死去的士兵予以厚葬，给其家属发放抚恤金，每隔一段时间就会杀猪宰牛来犒劳将士。士兵们受到如此的优待，当然会为国效力，但是李牧面对犬戎的进攻只守不出，丝毫没有反攻的意思。犬戎兵马每次到来，无论怎样谩骂、叫嚣、挑衅，都是吃"闭门羹"，无功而返。

如此几年，李牧这边没有过多的人员伤亡，也没有损失什么，但犬戎认定李牧是胆小怕事，才不敢出来迎战的。李牧手下的将领忍不住了，他们也认为李牧懦弱，怕犬戎，十分不高兴。渐渐地，李牧胆小无能的传言就到了赵王那里，赵王责备李牧，要他主动出击。可是李牧哪里肯听，正所谓"将在外，君命有所不受"，李牧依然我行我素，只守不攻。李牧这样做并非是怕犬戎，而是想要先麻痹敌人，然后找机会一举歼灭他们。

李牧的做法惹来赵王的极度不满，赵王认为他太软弱，"长了敌人的志气，灭了自己的威风"，于是就下令将他调回。李牧虽心有不甘，但是也不敢反抗君王的命令。

新将领一上任就显示出无比的勇气，每当犬戎进攻的时候就下令出兵，双方几次交战，都以赵军失败告终，人员伤亡很大，百姓也苦不堪言。赵王听说后，只好又去找李牧，而李牧这一次却称病不出。赵王知道他是在推脱，便下令无论他是否生病都要回到军中。

李牧找到赵王，说道："如果大王要用我，就要相信我。只有大王同意我像从前那样带兵，我才敢奉命回去。"赵王听后，便同意下来。于是李牧又回到雁门，他下令依然坚守不出。而犬戎则更加相信李牧胆小懦弱、不堪一击，不时还要来骚扰几下。过了一段时间，李牧知道条件已经成熟，便让赵军做好大规模作战的准备，严阵以待。

一天，犬戎的将领又率兵前来骚扰。这次犬戎只有几百人前来对百姓进行掠夺，李牧听说后，就派人去交战。双方打了片刻，赵军假装战败撤退，犬戎的将士看到赵军就这样连百姓和财物都放弃了，心里更是瞧不起，也更加肆无忌惮了。

犬戎的将军将此事告知首领，首领听闻后便决定率大军前来抢夺土地人口。李牧得知后，事先安排好伏兵，等待犬戎到来。

犬戎果真有十万大军前来，这一次李牧没有闭守不出，而是动用了伏兵，内外夹击，将犬戎的十万兵马几乎全部歼灭，只有首领带着少数亲信逃走。这一仗赵军大获全胜，也解决了赵国的后顾之忧，李牧的名声在赵国也瞬间提升。

公元前246年，李牧因国事需要调回朝中，以相国身份出使

秦国，订立盟约，使秦国归还了赵国的质子。一年后，赵孝成王逝世，悼襄王即位，这一次君王的交接也让赵国大将廉颇和乐乘离去，造成了赵国大将流失的局面，李牧就是在此时显示了他的将领之才。

那时的秦国已经占领了魏国大片的土地，便开始将目标指向赵国。而燕国也趁机攻打赵国，于是赵悼襄王便派李牧带兵出击，攻下燕国的武遂等地，燕王心生胆怯，不敢再打赵国的主意。

几年后，赵悼襄王去世，他的儿子即位，为赵幽缪王。此时的秦军已经有一扫天下的实力，连连发兵攻打其他国家，赵军抵挡不住，被秦军斩杀十万士兵。

赵幽缪王听后忙派李牧出战。李牧率边防军主力与前线的赵军会合后，干起了老本行——以逸待劳，坚守不出。他认为秦军接连获胜，士气甚高，如果仓促应战很难取胜。

带兵的秦将认为秦军远行不能持久作战，于是便率主力进攻肥下，企图诱使赵军救援，等到赵军脱离营地后，将其一举歼灭。李牧看出这是秦军的计谋，坚决不出兵。

有些将领建议去救援肥下，而李牧认为如果主力出去，肯定会遭到伏击，那么赵军的损失将是不可估量的。他可不是赵括，当然不可能纸上谈兵。

秦军主力去了肥下，营中只留下少许士兵，又由于多日来赵军采取守势，拒不出战，秦军便习以为常，疏于戒备。李牧看准

了这个时机，便偷偷率军一举袭击秦军的大营，俘获了全部留守的秦军。

大营被攻可不是一件小事，李牧知道秦军必定会回来相救，于是就命人在路上埋伏。秦军果然匆忙赶回，还未等秦军到达营地，赵军便发起进攻，秦军连日奔波士气低落，再加上李牧指挥得当，这次秦军大败，主将也仓皇而逃，赵国也终于得到了喘息的机会。

几年后，秦王又派兵攻打赵国。这一次秦军兵分两路，从南北两个方向攻打赵国。鉴于赵国的南面地势险要，易守难攻，料想秦军难以突破，于是李牧采取南守北攻的策略，集中兵力各个击破。

李牧决定亲自率领赵军的主力北进，反击远程来犯的秦军。两军交锋，李牧督军猛攻，秦军大败。李牧没有恋战，而是火速班师回邯郸，与南面的赵军会合，共同夹击南路的秦军。南路的秦军得知北面的部队已经溃败，也无心交战，在进攻受阻的情况下，秦军主将果断选择了撤退，而李牧也没有追击，他知道以目前赵军的实力是守有余而攻不足。

而在此时，韩国、魏国的军队也受秦军的命令，向赵军来袭，李牧又率军前去迎战，将两国的军队打了回去。李牧率军作战，两次大败秦军，为赵国立下了汗马功劳，延续了赵国的命脉。

由于赵国连年战争，再加上北部时有地震发生，造成大面积饥荒，国力已经相当衰弱。秦王乘机派大将王翦率领几十万大军

围攻邯郸，赵王又派李牧去抵抗，这一次赵国是倾尽全力防守。

秦军曾多次受挫于李牧，王翦知道李牧是个强敌，如果此人不除，秦军在战场上也得不到好处，于是他就告诉秦王，既然在战场上没法解决，那就让赵国人来收拾他。秦王听后也同意这么做，于是就派奸细混进赵国首都邯郸，用重金收买了那个专门干诬陷勾当的郭开。郭开之前也整过廉颇，秦国让郭开散布流言蜚语，说李牧已经勾结秦军，准备背叛赵国。

那时的赵王已经成惊弓之鸟，他哪里还会去证实此事的真伪，立即派人去接替李牧。李牧不想交出军权，他认为自己可以抵挡住秦军，况且他坚决秉持"将在外，君命有所不受"的理念，他明白此时是赵国的生死存亡之际，所以不能轻易交出兵权。

最后，赵王用计将李牧杀害，换上了胆小怕事的庸才，赵军的军心也因此发生了动摇。最为重要的是，秦军面对的赵军将领不再是他们的对手，于是王翦不费吹灰之力就打败了赵军，攻进了邯郸，俘获了赵王。随后，王翦又乘势急攻，赵国最终灭亡。

可惜一代忠贞的将领却被君王使用计谋杀害。自古以来忠臣都是不好当的，他们一心为国却被奸佞小人算计！

横扫六国的王翦

王翦是秦国的大将，秦国能灭掉六国一统天下，与他的功劳

是分不开的。他出身于武学世家，从小就十分喜爱兵法、武学，不过他的祖辈却没有大将之才。在他幼年时，伴随他成长的就是孙武、司马穰苴的兵书，还有吴起、白起等人的事迹。

王翦少年时期就与兵器相伴，最喜爱的兵器就是一柄开山大刀。刀虽然是木制的，但是对于一个孩子来说也十分沉重，同龄的孩子都无法将其提起玩转。

王翦和别的孩子玩耍，都是玩刀舞枪，不过他一般只需要把大刀一亮，那气势就足以吓跑那些孩童。王翦还不满足于这些，他很快就开始去练习骑射。王翦的力气很大，他在九岁的时候就可以拉开五十石的弓，这对于一个孩子来说可以算是不可思议了，一般的将军也不过如此。王翦刻苦练习，很快就将箭术练得炉火纯青，能达到箭无虚发的水平。

公元前236年，秦王命王翦攻打赵国。他来到军中，将那些不敢作战的将士调遣回去，起用有勇有谋的将领，然后迅猛地攻打赵军，没用多久就打下九座城池。

过了几年，秦王又命王翦出师攻打赵国。但是这一次，赵军由名将李牧亲自督战，结果双方僵持了一年，王翦仍没有攻克赵军。这时王翦就请求秦王用反间计除掉李牧，赵王果然中计，派人代替了李牧，于是王翦率领秦军大破赵军。接着，王翦一鼓作气对赵军穷追猛打，势如破竹。赵军见大势已去，士兵都纷纷逃跑或者归降，赵王也被王翦擒住。赵太子带人逃走，赵国苟延残喘，但最终还是免不了灭亡的命运。

可以说，赵国的灭亡就是王翦一手造成的。那时候，唯有齐国、赵国和楚国还能勉强抵抗秦国，赵国的实力不容小觑，秦国也不敢大意。但是，王翦一出手就将赵国灭掉，这也提升了秦军的气势。

在发生了"荆轲刺秦王"的事件后，秦王大怒，决定发兵攻打燕国。这一次领兵的秦将依然是王翦。王翦率大军远攻燕国，燕太子丹出兵相抗，却不敌来势汹汹的秦军，结果兵败战死，燕军一看主帅已死，都无心恋战，纷纷逃去。王翦又乘胜追击，燕王喜逃走，燕国已经名存实亡。

王翦一出马又灭掉了一个国家，这让他更受秦王的倚重。那时王翦的儿子王贲也长成一个大汉，王翦就把他推荐给秦王。秦王派王贲攻打楚国，结果也打败了楚军。王贲又乘势北上攻打魏国，魏王见打不过秦军，干脆直接投降了事。

魏国早在魏武侯时期就节节败退，土地面积不断缩小，到了此时，就算魏王发愤图强也抵不过强大的秦国，又何必徒伤国民呢！

秦国灭掉了三晋和燕国，还剩下楚国和齐国这两个劲敌，秦王决定要发兵伐楚，就问少将军李信需要多少人。李信信口开河，说用二十万就可以，随后秦王又问王翦，王翦说非六十万不可。秦王认为王翦已经老了，勇气不比当年，便派李信率兵二十万伐楚，王翦见秦王不听自己的话，就托病回了老家。

李信开始攻打楚国的时候确实很勇猛，楚军连连败退，但是

楚国毕竟是大国，就算是强弩之末也不能轻视。李信十分大意，联合蒙氏兄弟继续进兵。不过再往前进兵时就遭到楚将项燕的顽强抵抗，秦军不敌，长线作战绝对会吃亏的。李信见状不好就匆忙率军逃跑，项燕乘胜追击斩杀了几万秦兵。

秦王听到秦军战败的消息后十分震惊，他这才相信王翦确有远见，于是秦王亲自去找王翦谢罪，希望他领兵出征。王翦却辞谢说："老臣体弱多病，况且我脾气暴躁，您还是另选良将吧。"秦王坚持要王翦复出。王翦说："若大王执意起用老臣，必须同意给我六十万大军。"秦王这时哪敢不信他的，立马答应下来，于是派王翦率六十万秦军伐楚。

王翦在临行前多次向秦王求赐良田屋宅，秦王说道："将军既然已经出兵，还怕不能富贵吗？"王翦回答："在为大王效力的时候，我也希望能够得到良田屋宅留给子孙后人。现在我受到大王的重用，如果此时不要还要等到何时？"

秦王听后大笑，随即允诺下来。当王翦的军队行至关口后，他又几次派使者回去向秦王求赐良田。有人认为王将军求赏太过分了，王翦却说道："大王很难信任人，现在给了我六十万军队，几乎是倾全国的兵力，我只有多请求良田屋宅，才能打消大王对我的猜忌啊！"

公元前224年王翦领兵伐楚，楚国听说王翦率六十万大军前来，也倾尽全国的兵力来抵抗。不过王翦来到楚国却没有急于攻打，而是坚守不出，与楚军对峙起来。楚军也没了主意，不知道

王翦的葫芦里卖的是什么药，不敢贸然攻打。

王翦下令让士兵好好休息，每天都吃好喝好，毫无打仗的意思。王翦也同这些士兵同饮同乐，打成一片。他这样做一是要养精蓄锐，出奇制胜；二是要迷惑楚军，使楚军的士气低落下去。

终于楚军忍不住了，连连发兵攻打秦军，但是王翦仍闭守不出，楚军根本奈何不了他们。几次下来，楚军士气低落，士兵也疲惫不堪。楚军见迟迟攻打不下来，就准备换个进攻方向试试。就在楚军调整部署的时候，王翦突然率兵出击，打了楚军一个措手不及，还斩杀了楚将项燕。随后在不到一年的时间里，王翦就将楚国灭掉，俘虏了楚王，乘势攻伐百越之地。

这一次发兵伐楚，让王翦的事业达到了巅峰，也是他平生最得意的一次战争，不仅消灭了楚国，还顺势收服了百越之地。秦王得知后，立即给王翦加官晋爵，还尊他为老师。

公元前221年，王贲发兵伐齐，齐国孤立无援，很快就被消灭，秦王嬴政也一统天下，建立秦朝帝国。在横扫六国的战争中，要数王翦父子的功劳最大了。

<智慧点津>

美国的巴顿将军在一次战前动员时曾说："战争就是杀人，你不杀他，他就杀你。"这位出身西点军校的美国名将一针见血地揭露了战争血淋淋的事实。不管人们是否接受，战争就是通过杀人的速度和效率来决定国家命运的。可是，我们在为战无不胜的将军喝彩的同时，是否也应当意识到战争中一个个鲜活的生命个体和望眼欲穿等待他们归去的父母、妻儿。古人有句话说得好，"一将功成万骨枯"。人们往往只看到战场上功臣名将表面的荣耀，却忽视了荣耀背后战死的无数英魂。长平一战，四十万个有灵有肉的生命被坑杀，其功耶？过耶？我们期望人类永久的和平，世界各国和谐相处，共同发展。

战国百家

——异彩纷呈的思想之花

在各家学派的创始人都创立了各自的学说后,其门徒也越来越多,这就渐渐地促成了"百家争鸣"的局面,各家学说的人士互相之间交流辩论,碰撞出思想火花。在各家学说的传承中,也偶尔会出现一两位有思想、有影响的人物,其中以墨家的墨子、儒家的孟子和荀子、道家的庄子及法家的韩非子为代表。

墨子的平民主义

墨子生活在公元前五世纪左右,那时的中国还是一个由许多诸侯国组成的国家。其中楚国是一个大国,宋国是一个小国。

当时,一个著名的工匠公输般为楚国制造了一种称为云梯的新式武器,这种武器又高又大,用于攻打敌国的城墙,在当时可以说是先进的武器。云梯造成后,楚国就准备攻打宋国了,以便

检验这种新式武器的效用。

　　墨子听到这个消息后，走了十天十夜赶到楚国国都，拜见了公输般，希望能够阻止这场战争。墨子见到公输般后说："北方有一个人欺侮我，我希望借你的力量杀死他。"公输般不知是计，听了很不高兴，也没有任何表示。墨子接着说："我可以给你很多钱，作为你杀人的报酬。"公输般回答说："我讲道义，不会因为报酬去杀人。"墨子说："楚国是大国，人口不多而土地辽阔，可是它准备攻打弱小的宋国，这是非正义战争。你口头上说不杀人，可是一旦发生战争，有多少无辜的平民会因为你的新式武器而死去，这跟你亲手杀人有什么区别吗？"

　　公输般被问得哑口无言，推诿说攻打宋国的计划是楚王的决定，于是墨子和公输般去见楚国国王。见到楚国国王，墨子并没有先说战争，而是对国王说："我想请教大王一个问题。"楚王问他是什么问题。墨子说："现在有人放着自己漂亮的车子不要，却想偷邻居的破车；舍弃自己漂亮华贵的衣服不要，却想偷邻居的旧衣服。这是怎样一种人啊？"楚王不知是计，马上说："这人有偷窃的毛病。"墨子抓住时机马上说："楚国有广阔的土地，而宋国只是一个小小的国家，这就如同一辆漂亮的车与一辆破车的对比；楚国物产丰富，而宋国物产贫乏，这如同漂亮衣服和旧衣服的对比。所以我认为楚国攻打宋国，跟那个犯了偷窃病的人正是一类人。"

　　楚王一下子不知如何回答才好，蛮横地说："你说得好，但是公输般已经为我造好了云梯，我是一定要攻打宋国的。"墨子不慌不忙地说："云梯并没有想象的那样厉害，不信我可以与公输般模拟作战。"楚王于是为他们准备了道具，包括城墙、守城的器械、云梯及其他攻城的兵器。公输般模拟攻打宋国的城墙，结果任由他多次改变攻城的战术都被墨子抵挡住了，公输般攻城的器械用完了，墨子守城的方法还有很多。

公输般不甘心失败，对墨子说："我知道怎么来对付你，我不说。"墨子也说："我也知道如何对付你，我也不说。"楚王问墨子其中的原因，墨子说："公输般的意图不过是杀了我，他以为杀了我宋国就没有人来防守楚国的攻击了。可是，我已经把我的方法教给了我的徒弟，即使杀了我楚军也不能攻入宋国的城门。"

楚王见大势已去，迫不得已地说："我决定不攻打宋国了。"这样，墨子凭自己的机智和勇敢解除了宋国的一场灾难。

还有一次，巫马子对墨子说："我跟你不同，我是不会实行兼爱的，我爱邹人比爱越人深，爱鲁人比爱邹人深（巫马子为鲁国人），爱我家乡的人比爱鲁人深，爱我的家人比爱我家乡的人深，爱我的双亲比爱我的家人深，而我爱我自己又胜过爱我的双亲。我对他们的爱深浅不同，是因为他们与我的关系远近不同。打我，我会疼痛；打别人，我却不会感到疼痛。我为什么不去解除自己的痛苦，却非要去解除和我无关的人的痛苦呢？所以，我只会杀他人以利我，却不会杀我自己以利他人。"

墨子问他："你的这种想法是准备藏在心里还是准备把它说

出来让别人也知道它、实行它呢？"

巫马子回答："我为什么要把自己的想法隐藏起来，我当然是要告诉别人，让别人都来实行的。"

墨子说："既然这样，那么如果有一个人喜欢你的主张，这个人就要杀你以利于他自己；有十个人喜欢你的主张，十个人就要杀你以利于他自己；如果天下的人都喜欢你的主张，那天下的人就都要杀你以利于自己。反过来说，假如有一个人不喜欢你的主张，这个人就要杀你，因为他认为你是一个散布不祥之言的人；有十个人不喜欢你的主张，这十个人就要杀你，因为他们都认为你是散布不祥之言的人；天下的人都不喜欢你的主张，那么天下的人都要杀死你，同样他们也认为你是个散布不祥之言的人。这样看来，喜欢你的主张的人要杀你，不喜欢你的主张的人也要杀你，这就是人们常讲的摇动口舌、杀身之祸常至自身的道理。言而不利，不如不言。我看你还是趁早收起你的话吧，免得招来杀身之祸。"

巫马子虽然被墨子驳得体无完肤，但他心里仍愤愤不平："你的兼爱天下，没有看到天下人得到什么利益；我不爱天下，也没有看到天下人有什么害处。咱们俩都是只有各自的想法而没有采取什么实际的行为，也没有什么实际的效果，你为什么就偏偏说你自己的话是真理，而我的话是错误的呢？"

墨子回答说："比方说这里有一处失火，一个人捧着水想要浇灭它，另一个人却拿着燃烧的木柴想要使火势更加凶猛。现在

这两个人都只是在想，还没有把事做成。你看在这两个人中，哪一个是对的，哪一个是错误的呢？"

巫马子不知是计，脱口答道："我认为那个捧水想要灭火的人的动机是对的，而那个拿着火苗想使火势更猛的人的动机是错的。"

墨子点点头："我也认为我兼爱天下的动机是正确的，而你不爱天下的动机是错误的。因为我的兼爱天下将导致天下大治，而你的不爱则会造成天下大乱。"巫马子终于哑口无言，以失败告终。

虽然墨家的兼爱、非攻受到百姓的拥戴，但是在战国这个特殊的时代，墨家思想的发展是很艰难的，想想也知道，大家都打得热火朝天，那些大国的国君自然没有一个可以容忍墨家的和平学说。

即使在理想碰壁的情况下，墨者依然不见少。孟子曾说过，天下之言不归杨则归墨。"杨"就是指杨朱学派，说起来有点玄学色彩，近似于道家学说；而"墨"就是指墨家学说。由此可见当时的墨者还是很多的，甚至超过了儒学人士。不过即使墨者很庞大，但毕竟不受重用，他们也不可能自己建立一个国家，只能依靠个别小国来发展。

墨家学派是墨子一手创立起来的，其实相对于其他学派，墨家更加规范，只要墨子一声令下，墨者就可以赴汤蹈火，而且墨家学派纪律严明、执法如山，更像是一个严密的组织。而墨子就是这个组织的首个头领，人称钜子。

墨子死后，墨家的这些传统都被后人继承下来，但是有关后代钜子的情况鲜为人知。他们不像孟子等人在宣传了自己理念的同时也把自己推广了，反而很低调，再加上他们恪守墨子制定的法令，后来没有加以创新，也不受君王重用，所以墨家学派除了墨子几乎没有听过有影响力的人物。

> **知识链接**
>
> ### 墨家学说的衰亡
>
> 墨家学说毕竟是当时的显学之一，为什么后来就无声无息地消失了呢？史学家们猜测，可能是秦始皇焚书坑儒的时候将那些反对自己的墨者抓起来并将他们的书籍全部烧毁。但是秦始皇再神通广大也不能将墨者一网打尽，不过这足以让墨家学派奄奄一息，在秦朝的统治下得不到发展，只能秘密行事。而后刘邦建立了汉朝，虽然将秦朝推翻，不过却沿用了秦朝的法令，依法治国，墨者在走投无路的情况下悄然隐没，逐渐消亡。

孟子的理想主义

孟子，战国时期邹国人。他三岁时父亲去世，母亲一个人含辛茹苦地将其抚养成人。孩提时的孟子非常调皮，孟母为了让他长大成才，没少费心思。

最初，孟子家附近有一片坟地，他和小伙伴们玩的游戏不是修筑坟墓，就是学他人哭拜。孟母对此很担心，皱着眉头说："这样下去孩子不会成才，我们不能住在这里！"于是孟家搬到了离集市不远处。谁知孟子来到此地后，又和小伙伴们玩起了学商人做生意的游戏。他们恭迎客人、款待客人，还和客人讨价还价，模仿得惟妙惟肖。孟母见了，决定再次搬家，这次孟家搬到了学堂附近。在这里，孟子向学生和先生学习礼仪和知识，既有礼貌也喜欢上了读书。孟母心满意足地说："我的儿子就应该住在这里啊！"

孟子接触学堂后，开始勤奋读书。但年龄稍长后，又顽劣如初。有一次，孟子放学回家，孟母正坐在织布机前织布。她问儿子："《论语》里的《学而》篇会背诵了吗？"孟子回答说："会背诵了。"孟母高兴地说："你背给我听听。"可是孟子总是翻来覆去地背诵那么一句"子曰：学而时习之，不亦说乎"。孟母听了又生气又伤心，举起一把刀，"嘶"的一声，一下就把刚刚织好的布割断了，麻线纷纷落在地上。孟子看到母亲把辛辛苦苦才织好的布割断了，心里既害怕又不明白其中的原因，忙问母亲出了什么事。孟母教训儿子说："学习就像织布一样，你不专心读书就像断了的麻布，布断了再也接不起来了。学习如果不时时努力、常常温故而知新，就永远也学不到本领。"说到伤心处，孟母呜呜咽咽地哭了起来。孟子很受触动，从此以后，他牢牢地记住母亲的话，起早贪黑，刻苦读书，发誓自己将来一定要成才。

孟子接触到儒家思想后，对其产生浓厚的兴趣。他离开邹国，前往孔子的故乡鲁国进一步学习，并拜子思为老师。

战国时期，诸侯国王都采取合纵连横之计，远交近攻。战争连年不断，可苦了各国的老百姓。孟子看了，决定周游列国去劝说那些好战的君主。孟子来到魏国，去见了好战的梁惠王（魏惠王）。梁惠王对孟子说："我费心尽力治国，又爱护百姓，却不见百姓增多，这是什么原因？"

孟子回答说："让我拿打仗做个比喻吧！双方军队在战场上相遇，免不了要进行一场厮杀。厮杀结果，打败的一方免不了会丢盔弃甲，飞奔逃命。假如一个士兵跑得慢，只跑了五十步，却去嘲笑跑了一百步的士兵是'贪生怕死'。"

孟子讲完故事，问梁惠王："这对不对？"梁惠王立即说："当然不对！"孟子说："你虽然爱百姓，可你喜欢打仗，百姓就要遭殃。这与五十步笑百步是同样的道理啊！"

又有一次，孟子和梁惠王谈论治国之道。孟子问梁惠王："用木棍打死人和用刀子杀死人，有什么不同吗？"

梁惠王回答说："没有什么不同。"

孟子又问："用刀子杀死人和用政治害死人有什么不同吗？"

梁惠王说："也没有什么不同。"

孟子接着说："现在大王的厨房里有的是肥肉，马厩里有的是壮马，可老百姓面有饥色，野外躺着饿死的人，这是当权者在带领着野兽来吃人啊！大王想想，野兽相食尚且使人厌恶，那么

当权者带着野兽来吃人，怎么能当好老百姓的父母官呢？孔子曾经说过，首先开始用俑（古时陪同死人下葬的木偶或土偶）的人，他是断子绝孙、没有后代的吧！您看，用人形的土偶来殉葬尚且不可，又怎么可以让老百姓活活地饿死呢？"

作为儒家思想的忠实追随者，孟子继承并发展了孔子"仁"的思想。他认为人人都有恻隐之心，作为统治者，为政必须依仁而行，不仁只能自取灭亡。孟子对于"仁政"有一套自己的理论，他告诫统治者要对百姓施行恩惠，以"仁"为本，避免不正义的战争。孟子先是游说齐威王，但齐威王对他的理论丝毫提不起兴趣，对他本人也没有重用。

而梁惠王对孟子的称呼则更是直接，一声"叟，不远千里而来"让孟子很是难堪。梁惠王既没有尊称孟子一声先生，更没有礼贤下士地对待他，而是干脆称一声老头，从这儿可以看出孟子是多么被人轻视。

后来孟子又回到齐国，那时的国君已换成了齐宣王。齐宣王致力于稷下学宫的发展，对一切有学之士都会加以礼遇。孟子虽然在稷下学宫吃得好住得好，但是他的政治理念不能打动这位君主。

之后两个人进行了几次辩论，孟子的辩论每次都让齐宣王"无言以对"。但是战国战国，不战何以成国，君王怎能只听他几句话就放弃攻打别国？这只能说孟子太过执着，自己的想法太过理想化了。

这样的分歧一直存在，难免会令两个人的交情破裂。公元

前312年，燕国发生内乱，孟子与齐宣王因是否进兵燕国产生分歧，孟子坚决反对，但是齐宣王怎能放弃这个大好机会。孟子不再愿意看到被人当成摆设，断然拒绝了宣王的挽留离开齐国。

晚年的孟子回到家乡，一边教学一边同弟子著书，《孟子》一书就是在那个时候诞生的，它记录了孟子一生的思想和游说状况。公元前289年，孟子以八十四岁高龄去世。

荀子的实用主义

作为混乱时代最后的一个儒家代表，荀子对儒家的发展功不可没。尽管后来韩愈等人极力将他排除在儒学之外，但也丝毫不影响他在儒学上的地位。

荀子名况，字卿，汉朝时因避汉宣帝刘询讳，于是被称为孙卿。荀子本是赵国人，在十五岁时开始游学，当他学成以后，首先来到齐国的稷下学宫。

那时齐国的国君正是刚愎自用的齐湣王，荀子看到齐国四面树敌，希望齐湣王能有所收敛，但是齐湣王骄傲自大，怎会听得进去他的话。荀子在劝谏无效的情况下毅然决然地离开齐国，前往楚国。

荀子这一次到楚国没有什么作为，也没有被重用，想必他还是寄希望于齐国的。齐襄王即位后，荀子又回到了齐国，在稷下学宫讲学，荀子在齐国待了几年，很受齐王尊敬，被封为"列大夫"，当了齐国的顾问。因为荀子年纪比较大，学问又好，所以从五十三岁到七十岁间，他三度被众人推选为"祭酒"。有些气量狭小的人不免眼红，到处说荀子的坏话。齐王听信谗言，渐渐和荀子疏远。荀子决定离开齐国。

这时，他已是老翁了，不知往哪儿去，心情沉重万分。后来，听说楚国的春申君礼贤名士，荀子决定到楚国去。春申君仰慕荀子美名，决定请他担任兰陵县令。没想到运气坏得很，春申君有位门客进谗言，春申君考虑再三终于辞退荀子。荀子经过秦国，拜见了秦昭王。那时秦昭王正和范雎设计"远交近攻"的阴谋攻伐天下，对荀子讲的大道理提不起一点兴趣，荀子只好回到赵国。春申君赶走了荀子后又后悔，再三派人到赵国去请荀子，并且再三赔不是。最后，荀子拗不过春申君的好意，又回到楚国当兰陵县令。春申君死后，荀子便辞了官，写了三十二篇文章，这就是留传后世的儒家名著《荀子》。

荀子认为，一个人眼睛贪图美色，耳朵喜欢好听的音乐，舌头爱好美味，贪吃、贪玩、好逸恶劳，这都是人的天性，所以人才有七情六欲。这些天赋、自然的本能并不是不好，可是如果依人的天性顺其发展，必然引起争夺暴虐，这个世界便成为自私恐怖的世界了，所以需要用礼制来约束人们过度的欲望。

另外，荀子认为礼是社会上自然形成的公共法则，每个人都得遵守，不能选择、不许怀疑。在他担任兰陵县令时，李斯、韩非都曾拜在他的门下，后来这两个学生把荀子学说发扬光大，形成法家思想。

狂放不羁的庄子

庄子名周，字子休，战国时期宋国人，他是继老子之后，道家的又一位代表人物。在先秦人士当中，庄子无疑是很独特的一位，他为人狂放不羁，在众人都积极入仕的时候，他却独树一帜，回归于自然之中。

相传庄子自幼聪明好学，喜欢老子的学说，年轻时还做过地位卑微的漆园吏。他与另一位思想家惠施是好朋友，私交甚好，不过俩人对仕途的看法却大相径庭。惠施担任魏相，而庄子入魏的时候，惠施反而害怕他抢了自己的相位，到处搜捕庄子。可是庄子穿着一双草鞋就来到了惠施面前，惠施此时才明白，庄子是不会抢自己的相位的。

庄子很有才，远在楚国的楚威王也听说了，于是派人去找他。庄子隐居山林，使者费了好大的劲才找到他。当时庄子正在钓鱼，使者表明来意后又说了一大通好话，但是庄子不为所动，仍静静地钓着鱼。使者不知道他是怎么想的，也不敢乱说话，这可是楚王钦点的人物。过了半刻，庄子才缓缓地说道："听说楚国庙堂上供奉着一个神龟，你说它是愿意活在大海里呢，还是愿意死着被供奉起来？"使者听得糊涂，说道："当然是活在大海里了。"庄子笑道："既然龟都不愿如此，更何况人呢？你回去吧，我是不会担任楚相的。"使者这才反应过来，悻悻地离开。

战国时代，赵国的赵文王特别喜欢剑术，投其所好的剑士纷

纷前来献技，以至宫门左右的剑士达三千人之多。他们日夜在赵文王面前相互拼杀，每年为此而死伤的人数以百计，但赵文王仍兴趣不减、好之不厌。于是，民间尚剑之风大盛，侠客蜂起，游手好闲之徒日众，耕田之人日益减少，田园荒芜，国力渐衰。其他诸侯国意欲乘此机会攻打赵国。

太子赵悝为此忧虑不已，召集左右大臣商量道："如此下去，必将国破家亡，为别国所制。诸位大臣中，如有既能悦大王之意，又能止剑士相斗者，吾将赏赐千金。"

左右异口同声说："庄子可担此任。"太子问："庄子是什么人？"一位大臣答道："庄子是个隐士，其才足可经邦，其能足可纬国，其辩可以起死回生，其说可以惊天动地。如能请他前来，定能顺大王之意，又能救民于水火。"于是，太子便派使者带上千金去请庄子。

庄子见了使者，听明来意，说道："此事何难，竟值千金之赏？"坚辞不受千金，而同使者一道去见太子。见了太子，庄子问道："太子赐我庄周千金大礼，不知有何指教？"太子道："闻先生神明，特奉上千金作为您的学生们路途上的开销。先生不收下，我赵悝还敢说什么呢？"

庄子说："听说太子想要用我庄子是欲绝弃大王的癖好。倘若臣劝大王而逆大王之意，则有负太子，我也会受刑而死，要千金何用？假使臣既能讨大王之欢心，又使太子称心，我在赵国何求而不得呢？"

三天后，庄子身穿儒服来见太子。太子便带他去见赵文王。文王长剑出鞘白刃相待，庄子气宇轩昂、神色肃然，入殿门不趋，见大王不拜。文王问道："太子介绍你来，欲以什么教给寡人？"庄子回答："臣闻大王好剑，故特以剑术拜见大王。"文王又问："您的剑术有何特长？"庄子答道："臣之利剑锋利无比，臣之剑技天下无双，十步杀一人，千里不留行。"

文王听了大为欣赏，赞道："天下无敌矣！"庄子道："夫善舞剑者，示之以虚，开之以利，后之以发，先之以至。愿大王给机会，让我得以一试。"文王道："先生且休息几天，在馆舍待命，等我安排好后，再请先生献技比剑。"于是赵文王以比剑选拔高手，连赛七天，死伤者六十余人，才得五六位佼佼者，然后让他们持剑恭候于殿下，请庄子前来一决雌雄。庄子欣然前来，赵文王下令："此六人都是高手，望您大显身手，一试锋芒。"庄子答道："盼望好久了！"

赵文王问："不知先生要持什么样的剑？长短何如？"庄子回答："臣持什么剑都可以，不过臣有三剑，专为大王所用。请允许我先言后试。"文王点头，说道："愿闻三剑究竟何样？"庄子说："此三剑分别是天子剑、诸侯剑、庶人剑。"文王好奇地问："天子之剑何样？"庄子说："天子之剑，以燕溪、石城为锋，齐国、泰山为锷，以晋、卫两国为背，以周、宋两国为首，以韩、魏两国为把，包以四夷，裹以四时，绕以渤海，系以恒山，制以五行，论以刑德，开以阴阳，持以春夏，行以秋冬。

此剑直之无前，举之无上，按之无下，挥之无旁。上决浮云，下绝地维。此剑一出，匡正诸侯，威加四海，德服天下。此即我所谓天子剑也。"

文王听后，茫然若失。又问："诸侯之剑何如？"庄子说："诸侯之剑，以智勇之士为锋，以清廉之士为锷，以贤良之士为背，以忠圣之士为首，以豪杰之士为把。此剑直之亦不见前，举之亦不见上，按之亦不见下，挥之亦不见旁。上效法圆天，以顺三光；下效法方地，以顺四时；中和民意，以安四乡。此剑一用，如雷霆之震动，四海之内，无不宾服而听从君命。此乃诸侯剑也。"文王听了，频频点头。

文王接着问："庶人之剑又如何？"庄子说："庶人之剑，蓬头突鬓垂冠，浓眉长须者所持也。他们衣服前长后短，双目怒光闪闪，出语粗俗不堪，相击于大王之前，上斩脖颈，下刺肝肺。此庶人之比剑，无异于斗鸡，一旦不慎，命丧黄泉，于国事无补。今大王坐天子之位却好庶人之剑，臣窃为大王深感遗憾！"赵文王听了，马上起身牵庄子双手上殿，命厨师杀鸡宰羊，好酒好菜款待庄子。赵文王绕桌三圈，庄子见了说道："大王且请安坐定气，臣剑事已奏完毕了。"文王坐下，沉思良久。

赵文王自听庄子畅论三剑后，三个月未出宫门。自此戒绝好剑之癖，一心治理国家。那些剑士自觉再无出头之日，个个心怀忧惧，不久都纷纷逃散或自杀了。

庄子生活贫困，曾向小官吏借过米，身上穿的也是补了又

补的衣裳，一双草鞋更是永不离脚，这样的他居然也过得十分快乐。可能大家还记得"庄周梦蝶"的典故，他说自己分不清是蝴蝶梦到了他还是他梦到了蝴蝶，可是这都不重要，重要的是他们都找到了自己的快乐。

在生死上，庄子也是豁达，妻子死后他居然能鼓盆而歌，将死亡看成无与伦比的快乐之事。庄子对于死的这种豁达态度还体现在他临终的遗言中。

庄子将要去世时，弟子们商量如何厚葬他。庄子知道后，以一种幽默的口吻说："我死后，大地做我的棺椁，日月成为我的连璧，星辰是我的宝物，天地万物都为我陪葬，我还需要厚葬吗？你们能增加什么呢？"

他的弟子哭笑不得，说："如果不葬在土中，我们担心乌鸦、老鹰会啄食您的身体。"庄子说："把我放在荒野里，你们怕乌鸦、老鹰吃我。把我埋在地下，你们就不怕蝼蚁吃我吗？你们从乌鸦、老鹰嘴里把我抢走，转而送给蝼蚁，为什么要偏心呢？"

说完，庄子闭上了双眼，逍遥地走完一生。对庄子而言，死恰恰是一种解脱，肉体回归自然，灵魂得到释放，可以在无涯的天地间尽情遨游。

庄子虽死，他的著作《庄子》及其言行却深刻地影响着后人。他的思想穿越千年历史，一直流传至今，仍有蓬勃的生命力，让人感叹不已。

韩非子与法家

韩非（约公元前280年—公元前233年），战国末期杰出的思想家、哲学家和散文家。韩非被誉为最得老子思想精髓的两个人之一。韩非将商鞅的"法"、申不害的"术"和慎到的"势"集于一身，是法家思想的集大成者。

韩非本是韩国人，他有些口吃，说话虽然不伶俐，但是思维相当活跃。他看到韩国逐渐被秦国蚕食，就上书给韩王，希望韩王能做出改变，将国力提升上去。可惜韩王昏庸，不识人才，根本没有把韩非的建议放在心上。

可是后来不知怎的，这些书信被秦王嬴政看到了，心想这个人的言论很符合我的想法，于是说道："我真痛恨没有跟他生在同一时期，如果他还活着，我真想见一见啊！"对于先人，人们总会产生一种莫名的敬仰。秦国的大臣们听到秦王这么一说，就说韩非还活着，而且人在韩国。这是好消息，也是个致命的消息。

秦王听说韩非尚在人世，就威逼韩王交出来。韩王一听秦王想要韩非，顿时懊恼自己有眼无珠，错失了人才。但迫于秦国的强大，只好将韩非送到秦国。秦王看到韩非后，可能因为口吃的缘故，没有了像先前那样的敬仰，不过还是重用了他，对于韩非提出的法令，秦王积极施行，秦国有更上一层楼的势头。

李斯是秦王身边的红人，与韩非是同学，他对韩非的到来十分不安，他嫉妒韩非的才华，生怕韩非抢了自己在秦王心目中的

地位（老同学间的相恨相杀，多少令人痛心不已。历史有惊人的相似性，想想多年以前，庞涓也想将孙膑置于死地呢），就对秦王说道："韩非是韩国人，未必会对秦国尽心尽力，我们应该趁他在秦国，将他关押起来，以免对秦国不利！"

秦王对韩非的景仰之情早跑得无影无踪，他想了想，认为李斯说得有道理，就将韩非关押起来。但李斯还是不放心，就给韩非送去毒酒，逼他自杀了。秦王被蒙在鼓里，当他认识到韩非是个能人，想再次起用时才发现韩非已死。

韩非虽死，他的思想却受到秦王的重视。综观韩非的思想，融合了儒、道、墨三家的学说，总结了前期法家的经验，将法、术、势紧密结合起来。

韩非推崇商鞅和申不害，不过却认为他们二人没有将法与术紧密结合起来，并且说："申子未尽于术，商君未尽于法。"因此，韩非对二人的法和术进行了改革。同时，他还认为只有法和术是不够的，必须有"势"做保证。

韩非的思想结晶集中在《韩非子》一书中，里面记录了很多寓言故事，像智子疑邻、三人成虎、自相矛盾等广为人知的典故都出自其中。在书中，韩非善用事例来说理，这往往能起到事半功倍的效果。

> 知识链接

窃金不止

在楚国南部的丽水，掀起了一股淘金热。政府为了禁止民间采金，亮出了最残酷的刑罚——分尸！虽则如此，被抓到的偷采之人仍然很多。政府把他们全部分尸，把残肢抛入丽水之中，丽水几乎为之不流！如此严厉的刑罚应该可以吓倒人们了吧，但事实并非如此，偷采之风仍然没有止住。这是为什么呢？

韩非子评论道：刑罚莫过于分尸，而偷采仍然不止，是由于偷采之人并不见得都会被抓到。打个比方吧，假若有人说"我给你天下但要杀死你"，再蠢的人也不会答应。享有天下是莫大之利，然而还不肯接受，是因为他知道必死无疑。

上述分析之后，韩非子作出结论："故不必得也，则虽辜磔，窃金不止；知必死，则虽予之天下不为也。"必，是一定的意思；得，是被抓到的意思；辜磔（gū zhé），是分尸的意思。

好个"知必死，虽予之天下不为也"！韩非是不是很残忍不得而知，但他的书培养了后世一大批心狠手辣的酷吏。秦朝的严刑峻法就不用说了，在"独尊儒术"的汉代，酷吏竟也层出不穷。那帮崇拜法家的酷吏们，用刑逼供的手段令人发指，不置人于死地决不罢休。因此有汉一朝，于囚车里、牢里自杀的大臣不胜枚举。

但是话又说回来，韩非的这句话还是有一定道理的。试

想，如果高科技的发展能使任何罪犯都无处可逃，犯罪定会非常少了。

< 智慧点津 >

战国时代七国争雄，天下纷扰，是我国古代社会大动荡、大变革、风云变幻的时期，社会政治、经济、思想文化都在激烈而又复杂的阶级斗争中发生很大的变化，各国皆千方百计谋求富国强兵之道。社会的变革使文化走向民间，游说之士面对剧烈动荡的社会，莫不以匡君救世为己任，纷纷提出自己的政治主张。他们或游说列国，干谒君主；或授徒讲学，著书立说；或放浪形骸，以批判的形式表达对世俗的关注；或辅政秉国，以求治世。由此，造成了"百家争鸣"的局面。除了儒学之外，还有墨、道、法、兵等诸家，它们大多具有独立思考的学风，绝不苟同别人的见解，做到了思想上的大解放。这一时期的思想文化奠定了以后几千年华夏文明的基础，为千秋万代留下了极其宝贵的财富。